L'AQUITAINE

HISTORIQUE & MONUMENTALE

MONOGRAPHIES ILLUSTRÉES

PAR

MM. DUFOURCET & G. CAMIADE

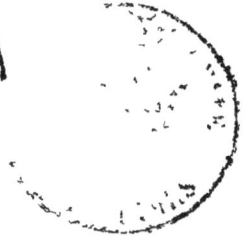

TOME III

DAX

IMPRIMERIE HAZAEL LABÈQUE

11, Rue des Carmes

—

1897

BAYONNE

—

NOTICE 829

HISTORIQUE ET ARCHÉOLOGIQUE

———

OUS n'avons pas, et n'avons jamais eu l'intention d'entreprendre l'histoire de Bayonne. Elle a déjà été écrite d'une façon complète et il serait présomptueux de notre part de vouloir refaire des travaux aussi remarquables que ceux de MM. Jules Balasque et Dulaurens, (Etudes Historiques sur la Ville de Bayonne. Bayonne, imprimerie Lasserre, 1862), et de M. Baylac, (Nouvelle Chronique de la Ville de Bayonne, par un Bayonnais. Bayonne, imprimerie Duhart-Fauvet, 1827).

Nous ne voudrions pas, non plus, que nos confrères et amis de la Société des Sciences et Arts puissent croire que nous n'apprécions pas les importants travaux qu'ils

ont publiés sur le noble passé de leur si intéressante ville, soit dans leurs bulletins, soit dans celui du Congrès de 1888 de la Société Française d'Archéologie, soit dans des livres ou des brochures séparées. Nous avons en haute estime et nous signalons à nos lecteurs, désireux d'approfondir ce qu'il est convenu d'appeler « *la question bayonnaise* », les écrits de MM. l'abbé Menjoulet, l'abbé Inchauspé, Poydenot, Bernadou, Ducéré, et tous les autres dont nous aurons à parler dans le cours de notre notice.

Nous voulons simplement faire, pour Bayonne, ce que nous avons déjà fait pour Dax, Tartas, Mont-de-Marsan et Roquefort, *un chapitre de notre Aquitaine Historique et Monumentale,*, dans lequel nous résumerons ce qu'ont dit nos savants devanciers, en y ajoutant le peu que nous avons pu découvrir de nouveau. Nous donnerons une description archéologique des principaux monuments et nous discuterons brièvement, en exprimant sur elles notre humble avis, les nombreuses questions controversées qui divisent encore ceux qui s'occupent des origines de l'ancienne capitale du Labourd.

Bayonne est aujourd'hui presque une grande ville, sa population est d'environ 30,000 âmes, depuis qu'on lui a annexé l'important faubourg de St-Esprit qui, non seulement était autrefois une commune séparée, mais dépendait du département des Landes, les Basses-Pyrénées ayant pour limite, sur ce point, le cours de l'Adour. Sa proximité de Biarritz, de St-Jean-de-Luz et de l'Espagne ; l'importance toujours croissante de son port et de son commerce, lui donnent une animation que l'on rencontre rarement dans les villes de province. Ses deux rivières qui la divisent en trois parties distinctes ; ses ponts nombreux ; ses rues longeant la *Nive* lui donnent un aspect tout particulier et la font ressembler, dans certains quartiers, à Venise avec ses

canaux et ses gondoles, dont les *tiolles* rappelaient peut-
être naguère le souvenir. (1)

Il est impossible de trouver un site plus pittoresque que
celui dans lequel Bayonne a été bâti, au confluent de deux
grands cours d'eau, à deux pas de la mer et au pied des
montagnes qui forment le fond du magnifique paysage
qu'il est donné de contempler quand on regarde la ville du
haut de la citadelle construite par Vauban. (*Voir la planche*)

Le promontoire qui sépare la Nive de l'Adour, et qui
s'appelait autrefois *mocoron*, mot basque signifiant, d'après
M. Bernadou, *bonne hauteur*, est formé par la croupe des
soulèvements ophitiques de St-Pierre-d'Irube et de Bris-
cous. Comme à Dax, ce soulèvement est accompagné de
son cortège habituel, de gypses et de sel gemme, que l'on
exploite dans les environs.

On rencontre, à Bayonne, un autre point culminant, sur
lequel sont construits le Château-Vieux et la Cathédrale,
et qu'occupent les rues les plus anciennes, les plus étroites
et les plus curieuses à visiter; mais cette élévation n'a rien
d'éruptif, elle ne se produit que relativement aux bas quartiers longeant les deux rivières ; il n'est, en réalité, que la
suite du plateau de St-Léon, et la moraine frontale d'une
trainée glaciaire descendue des Pyrénées par la vallée de
la Nive et qui s'épanche jusqu'aux roches nummulitiques
de Biarritz et de la côte d'Anglet.

Ces deux points durent être fortifiés dans les temps les
plus primitifs, et c'est ce qui fit qu'il s'y forma, nécessairement, dès l'époque préhistorique, comme dans tous les
endroits semblablement disposés, un centre important de

(1) Voir ce qui sera dit plus bas des tiolles, des tiolliers et de
leur chanson restée populaire.

population, dont M. Arnaud Détroyat, le capitaine Pottier, l'abbé Vidal et sa sœur, Mlle Félicité Vidal, d'Anglet, ont retrouvé de nombreuses armes et des outils en silex, etc., tout autour de l'emplacement actuel de la ville qui, peut-être bien, débuta, comme Dax, par être une cité lacustre. En cherchant bien dans les anciens marais sur lesquels sont construits le petit Bayonne et la ville basse, nous ne serions pas étonnés qu'on rencontrât, comme ailleurs, enfouis dans la tourbe, des restes de poutres et de pilotis. Rien de semblable n'a encore été signalé, aussi nous n'insistons pas sur cette hypothèse qui est cependant plus sérieuse qu'on pourrait le croire, et qui, dans tous les cas, ferait remonter Bayonne à une antiquité dont elle pourrait être fière.

Quoiqu'il en soit, il est aujourd'hui certain que les premiers habitants de cette ville et de toute la contrée étaient Ibères appartenant à la race préhistorique dite de Cro-Magnon, qui s'est conservée, à peu près pure, chez les Basques des deux versants des Pyrénées.

Ces Ibères occupaient, à l'époque du renne, une grande partie de la Gaule et furent, croit-on, à un moment donné, coupés en deux par une invasion celtique. Une partie, refoulée vers le Nord, alla peupler la Finlande et même le Groënland (1), et l'autre resta dans le Midi de la France et en Espagne, où elle se mélangea, tout d'abord, avec les envahisseurs Celtes et, bientôt après, avec les Ligures, et ne resta, comme nous l'avons dit, à peu près pure de tout

---

(1) Voir *Les Landes et les Landais*, de M. J.-E. Dufourcet. Dax, impr. Labèque, 1892, et l'*Aquitaine Monumentale et Historique*, t. II, *Pomarez et Amou, Tastoa et Gothiacum*, Bulletin de la Société de Borda, année 1894.

mélange, que dans les trois provinces basques espagnoles et dans la Navarre française, la Soule et le Labourd.

Ce qu'il y a de sûr, c'est que l'anthropologie, l'archéologie et la linguistique sont d'accord pour démontrer la vérité de ces assertions qui, à première vue, peuvent paraître extraordinaires. Les crânes et les ossements trouvés dans les grottes préhistoriques de Sorde et de Brassempouy ressemblent exactement à ceux des Basques actuels ; les dessins qui ornent leurs makilas et les colliers en bois qui soutiennent les clochettes de leurs vaches et de leurs brebis sont les mêmes que ceux des bâtons de commandement des troglodytes sub-pyrénéens ; et leur langage primitif, comme eux, n'appartient pas à la grande famille des langues Aryennes parlées en Europe, mais bien à celle des races touraniennes et elle est contemporaine, comme formation, avec celles des Turcs, des Mongols, avec lesquelles elle a certains rapports.

Cette question si intéressante de linguistique que nous ne pouvons qu'indiquer, en passant, sera prochainement élucidée, quand M. le Chanoine Adema, dont l'érudition égale la modestie, aura publié sa si savante étude qu'il a intitulée : *La Géographie de la Langue Basque*, et dont il a bien voulu nous communiquer quelques extraits. (1)

Au moment de l'invasion romaine, notre Sud-Ouest était donc habité par des *Celto-Liguro-Ibériens*, et dans cette fusion des trois races, les Ligures devaient dominer

---

(1) Un fait récemment constaté et important à signaler est le suivant : les plus grandes analogies existent entre le basque et le japonais : si bien qu'un missionnaire du diocèse de Bayonne a pu apprendre en quelques mois la seconde de ces deux langues à cause de la connaissance qu'il avait de la première. Un professeur du Collège de Dax avait déjà remarqué que tous les noms des fleuves et rivières du Japon avaient des étymologies basques.

partout, si ce n'est dans le pays basque, où c'était l'élément
ibérien qui avait prévalu, tout en restant pour beaucoup
dans la formation ethnique des populations voisines, tandis
que les Celtes avaient peu contribué à la création de
ce peuple nouveau que les romains appelèrent les Aquitains.

C'est ce qui explique que ces Aquitains ne se ressem-
blaient pas, d'après César, ni au moral, ni au physique,
aux habitants du reste de la Gaule, restés Galls ou Celtes,
et qui fait que, jusqu'à l'époque moderne, nous nous sommes toujours ressentis de cette différence d'origine qui se
traduisait par une indépendance que les Francs et les
Anglais n'ont pu dominer qu'en accordant à nos fiers
ancêtres des franchises et des libertés inconnues dans les
autres provinces et dont le souvenir se conserve encore.

Mais revenons à Bayonne, dont nous nous sommes un
peu trop éloignés et constatons avec la généralité des
historiens que cette ville existait déjà au moment de la
conquête de Crassus ; qu'elle était sur le territoire des
Tarbelles, un des neufs peuples de la Novempopulanie,
(dont la capitale était incontestablement Dax) ; que c'était
même le port militaire et de commerce de ce peuple et
que, par conséquent, il devait y avoir comme dans tous
les centres importants, dans tous les lieux de réunions
administratives ou commerciales chez les Gaulois, un ou
plusieurs *oppidum* en terre, semblables à ceux qu'on rencontre un peu partout. D'après nous, il y en avait indubitablement deux : l'un à Mocoron, et l'autre à l'extrémité du
plateau sur lequel est construite la cathédrale.

Une population permanente ne tarda pas à se grouper
sous la protection de ces forts primitifs, et telle est l'origine
de la plupart des villes, soit qu'elles aient été primitivement
des capitales de *civitates*, c'est-à-dire de confédération
de plusieurs peuplades ou des chefs-lieux de *pagus*, formés

de plusieurs *clans* , de plusieurs *pueblos*, dans le sens que l'on donne encore à ce mot en Espagne. Chaque cité avait son grand *oppidum*, chaque *vicus* chef-lieu de *pagus*, son camp retranché moins important, et chaque clan, chaque petit peuple, son *dunum* encore plus restreint. Il y avait aussi des camps spéciaux pour les *emporium*, ou centres des réunions commerciales, et ils étaient ordinairement très grands, ou au nombre de deux ou trois, pour pouvoir recevoir, en cas d'alerte, les nombreuses gens accourues à ses foires primitives, dont plusieurs ont subsisté jusqu'à nos jours.

Son port, avec ses relations extérieures, avait valu nécessairement à Bayonne de devenir le principal *emporium* des Tarbelles, et c'est ce qui décida probablement les Romains à en faire, bien vite, une ville importante et à la traiter à l'égal d'une véritable cité.

Ce fait est certain et il nous amène, après l'avoir constaté, à examiner une question des plus complexes, des plus controversées de notre histoire régionale. Peut-on placer à Bayonne la *civitas* des Boii de l'Itinéraire d'Antonin ? Ou peut-on en faire une autre cité capitale des Boatium ? Y a-t-il eu à Bayonne une cité administrative ou simplement une ville épiscopale ? A quelle époque remonte son évêché ? Quel est son véritable nom ? En a-t-elle porté plusieurs ?

Cette question, dit M. Batcave dans un récent article publié par lui dans la *Revue de Gascogne*, (1) reprise à notre époque par MM. Dejardin, Longnon, Bladé, Balasque, Poydenot, les vicaires généraux Menjoulet et Inchauspé ne passionnait pas moins les érudits du XVIIe

(1) *Revue de Gascogne*, septembre-octobre 1896.

siècle, Favyn, historien médiocre, Marca, Oïhenart, Com
paigne, Veillet, Baluze, héritier des papiers de Marca
collectionneur avide de ce qui concernait l'histoire de so
pays et Lespès de Hureaux, lieutenant-général au sénécha
de Bayonne. Ce dernier consulta Baluze, et M. Batcave
eu l'heureuse chance de découvrir la lettre écrite par lui
ce sujet à son savant correspondant et la réponse du doct
administrateur de la bibliothèque Colbertine.

Peut-on placer à Bayonne la *Civitas Boïatium* ? C'es
l'opinion de Scaliger et de Vinet, de Dom Ruinart, d
Nicolas Samson, des auteurs des *Annuæ Litteræ* de l
compagnie de Jésus, 1613-1614, de Marca *Hispanicca*
contrairement à ce qu'il avait dit dan son Histoire d
Béarn, du *Gallia*, de l'abbé Inchauspé (Sainte-Eurosie)
de M. Poydenot (Congrès de Dax, Etude Historique e
Religieuse du Diocèse de Bayonne) ; il avait soutenu l
contraire dans ses *Récits et Légendes*. Balasque sembl
être du même avis à cause de l'homophonie des deu
mots, ainsi que l'avait été la commission de la Carte de
Gaules.

Comme M. Batcave, nous n'hésitons pas à croire l
contraire, et sur ce point nous sommes d'accord avec
Oïhénart, qui réfute vigoureusement Scaliger, avec d'An
ville, l'abbé Longuerue, la Martinière, les auteurs de
l'*Histoire de Languedoc*, l'abbé Caneto, Bladé, Chaudru
de Crozannes, l'abbé Menjoulet, Colombier, (Etude de
P. P. Jésuites), Bertrand, Desjardins, Longnon, Jullian l
savant épigraphiste de Bordeaux, et Duchesne (*Bulletir
de la Société des Antiquaires de France,* 1890).

Bayonne faisait partie des Tarbelli, dont le pays s'éten
dait depuis les Pyrénées, au Sud, et comprenait, au Nord
tout le bassin de l'Adour jusqu'au territoire des *Vasate.*
et des *Boii ;* leur civitas était Dax, *Aquæ-Augustæ Tarbelli*

cæ, et Bayonne n'était que le chef-lieu, le *vicus* principal, du *pagus Lapurdensis*, en même temps que l'*emporium* et le *portus* dont nous avons parlé plus haut.

Boïos à l'accusatif, nom sous lequel est désigné, dans l'Itinéraire d'Antonin, la cité des *Boii* ou *Boïates*, est une station située entre *Losa* (Sanguinet) et *Burdigala*, à XVI lieues gauloises de cette ville, qui ne peut pas être identifié avec Bayonne et se trouve à la *Teste de Buch*, on à proximité de cette localité, où on la place généralement aujourd'hui.

De plus, si Bayonne était une *civitas*, le pays des Lapurdenses, dont tout le monde est d'accord pour en faire la capitale, ne serait pas un simple *pagus*. Or, M. Poydenot (1) nous fournit, avec son inscription de Hasparren, un argument irréfutable qui prouve bien que ce n'était qu'un *pagus*. On y lit, en effet :

« Flamen item duumvir, quastor *pagique magister*
« Verus ad Augustum, etc., etc. »

Hasparren était donc sur le territoire d'un *pagus* et non pas d'une cité, et ce territoire était celui de Bayonne.

Dans sa communication faite en 1888, au Congrès de la Société Française d'Archéologie, le même M. Poydenot dit que s'il a changé d'opinion relativement à la *question bayonnaise,* c'est qu'il a été frappé par l'argumentation de M. l'abbé Inchauspé, qui l'a *traitée d'une façon magistrale dans sa dissertation sur Sainte Eurosie.* »

Pour faire reste de droit, comme on le dit au Palais, aux adversaires de notre opinion, (il est inutile de dire qu'ils sont aujourd'hui presque uniquement bayonnais), nous croyons devoir pousser la loyauté jusqu'à reproduire en entier le résumé des arguments de M. l'abbé Inchauspé que

(1) Volume du Congrès de Dax, 1882.

M. Poydenot déclare irréfutables et nous empruntons ce résumé à M. Poydenot lui-même. (Bulletin du Congrès de Dax-Bayonne, 1888, page 400 et suivantes) :

« L'Itinéraire d'Antonin place Boius ou Boios à seize
« mille pas de Bordeaux ; or, cette localité, située à si peu
« de distance de Burdigala, ne pouvait pas être cité épis-
« copale ; elle ne pouvait donc pas être la *Civitas Boiorum*
« des *Notitiœ*, car les Boii du Bordelais *n'ont jamais eu*
« *d'autre cité épiscopale que Bordeaux*. Mais les Civitas
« *Boiatium* des Notitiœ est distincte de Burdigala, qui est
« portée sous le nom de *Civitas Burdigalensium*, dans la
« deuxième Aquitaine et non dans la troisième, où elles
« placent *Civitas Boiatium*. Donc si l'on place cette cité
« chez les *Boii* du Bordelais, on les change de Province,
« ce qui n'est pas possible, puisque dans toutes les *Notitiœ*,
« elle figure au sixième rang parmi les cités de la province
« Métropolitaine d'Eauze, dans la Novempopulanie. Il
« n'est pas possible de la placer, et elle ne peut pas être
« ailleurs : on ne peut pas confondre les catégories des
« cités et des provinces si bien coordonnées et si intelli-
« gemment décrites par les *Notitiœ*.

« La *Civitas Boiatium* n'est donc pas chez les Boii du
« Bordelais ; elle est dans la Novempopulanie, c'est incon-
« testable. Mais, dans la Novempopulanie, quelle cité
« peut elle désigner, si ce n'est Bayonne ? Il n'y en a
« aucune : toutes les autres villes épiscopales de la pro-
« vince ont leur désignation dans les *Notitiœ*. Bayonne
« seule y serait omise, si elle n'était pas désignée par
« *Civitas Boiatium*. Or, elle n'a pas pu être omise, puis-
« qu'elle existait et *comme* chef-lieu et comme ville. »

Ces beaux raisonnements seraient en effet irréfutables s'il était premièrement démontré que les Boii du Bordelais n'ont jamais eu d'autre évêque que celui de Bordeaux, et qu'ils ne dépendaient pas, administrativement, même quand ils n'ont plus eu d'évêques, de la Novempopulanie ; il faudrait, de plus, qu'il fût établi que Bayonne était le *chef-lieu* d'un peuple appelé *Boatium*, différant des Boii, dont le nom, on a été jusqu'à le dire, serait une contraction, légèrement altérée, de *Bayonensium* et que ce chef-lieu ait été déjà un évêché à l'époque à laquelle remontent les *Notitiæ* sur lesquelles ou s'appuie. Or, on n'a qu'à consulter la remarquable étude de l'abbé Duchesne sur l'*Origine des Diocèses Episcopaux dans l'Ancienne Gaule*. (Mémoires de la Société Nationale des Antiquaires de France, année 1890, pages 337 et suivantes), pour voir que ce n'est qu'au Ve siècle que la *Civitas Boatium*, fut incorporée à celle de Bordeaux, comme la *Civitas Diablintum* l'avait été à celle du Mans, mais au point de vue religieux seulement, ce qui ne les empêcha pas, évidemment, de dépendre administrativement d'une province différente (1). On y verra aussi qu'au IIe siècle il n'y avait dans les Gaules qu'un évêché, celui de Lyon, de là, titre de Primat des Gaules porté encore par l'archevêque de ce siège ; que ce vaste diocèse se démembra plus tard dan les évêchés de Trêves, Rouen, Reims, etc.; mais que ce ne fut qu'au IVo siècle qu'on établit des évêchés dans les principales, dont 14, (sans compter Bayonne, dont il n'est pas question dans ce travail si complet, par ailleurs), étaient dans des villes n'ayant pas le titre de *Civitas* et n'étant pas ce que nous appelons, des cités administratives.

Pour la plupart des sièges, les listes des évêques ne

(1) M l'abbé Départ, dans son Histoire de Mimizan, Bulletin la Société de Borda, années 1884 et 1885, va jusqu'à croire que le siège épiscopal des Boii, fut, peut-être, à un moment donné, dans cette localité dépendant aujourd'hui du diocèse d'Aire et de Dax.

remontent pas au-delà du V⁰ siècle, et beaucoup n'eurent pas d'évêques permanents avant cette époque.

Il y avait bien un évêque à Dax, nommé Ezentius, qui, d'après Compaigne, aurait assisté à un conseil tenu à Bordeaux, en 384 et qui, suivant la charte de Divielle citée par le même auteur, aurait reçu pour l'administration de son diocèse les sages conseils de son collègue de Bayonne, appelé Iscacicus : « *Ezentius episcopus Aquensis conciliis* « *salutaribus* ISCASSICI *Episcopi Lapurdensi, nobilitate* « *familia et sanctitate insignis pudenter et feliciter dio-* « *cesim Gubernavit,* » mais il faut remonter au VI⁰ siècle pour trouver d'autres noms d'évêques de Dax, et à beaucoup une époque bien plus rapprochée de nous pour Bayonne. Ceux antérieurs pourraient bien, comme saint Vincent-de-Xaintes de Dax et saint Léon de Bayonne, qui tous deux ont, croyons-nous, subi le martyre au III⁰ siècle, pendant la persécution de Décius, n'avoir été que des évêques apôtres, ce que nous appellerions aujourd'hui des vicaires apostoliques.

Notons, en passant, que la charte de Divielle, dont nous avons établi ailleurs l'authenticité (1), appelle l'évêque de Bayonne *Episcopus Lapurdensium* et non pas *Boiatium.* Le pays dont cette ville était le chef-lieu était donc, comme nous l'avons dit, le *pagus Lapurdensis,* un des *pagi* dépendant de la confédération des *Tarbelli,* dont la cité était *Aquæ Tarbellicæ.* Bayonne n'a jamais donc pu être une cité dans le se sens véritable de ce mot, c'est-à-dire la capitale administrative d'une *civitas.* Comme celle des *Tarbelli* était très étendue, on y établit, à un moment donné, deux évêchés. Mais, au civil, le Labourd a continué à dépendre de Dax, de sa cour municipale et de la séné-

(1) *Les Landes et les Landais,* p. 127.

chaussée des Lannes, jusqu'à la Révolution. Les délégués de Bayonne aux Etats-Généraux de 1789 durent se rendre à Dax avec tous ceux de la sénéchaussée, pour dresser leurs cahiers des doléances et nommer leurs députés. (1)

Ceux qui veulent à tout prix que Bayonne ait eu l'honneur d'être une cité, invoquent encore, à l'appui de leur thèse, un passage de Grégoire de Tours, commenté par Dom Ruinard, qui dit que, dans le partage entre Gontran et Childebert, fait en 567, on trouve parmi les villes attribuées à Childebert : *Lapurdum (Seu Civitas Boiatium)*. Mais il est à remarquer que les mots *Seu Civitas Boiatium,* ont été ajoutés au texte primitif par le commentateur du XVIe siècle et que son observation n'a aucune autorité, pas plus que celles inscrites après coup dans la *Notitia Provinciarum.*

Cela n'empêche pas qu'on ait pu quelquefois donner à la ville épiscopale, au moyen-âge, le nom de cité, alors que ce mot ne signifiait plus qu'une ville siège d'un évêché, mais, encore une fois, Bayonne n'a jamais été une cité romaine et nous en trouvons une autre preuve, dans une observation faite dernièrement par M. François Abbadie dans un mémoire de la plus haute importance contenant l'historique de la commune de Dax. Bayonne n'a jamais eu de *curie*, ni de *senatus minor*, ni de *cort*, ni d'organisation municipale proprement dite, avant celle qui lui fut octroyée par Jean-sans-Terre, en 1215, tandis que ce prince ne fit que maintenir, pour Dax, comme l'avaient fait son père et son frère, une organisation persistante, qui remontait aux Romains.

Ce qui prouve, une fois de plus, que les circonscriptions

(1) Voir les procès-verbaux, *Bulletin de la Société de Borda,* années 1880 et 1881.

ecclésiastiques n'étaient pas toujours autrefois les mêmes que celles établies au point de vue administratif et qu'il ne faut pas « conclure de l'un à l'autre » c'est que le diocèse de Bayonne avait plusieurs archiprêtrés en Espagne.

La charte d'Arcius, dont l'authenticité est bien douteuse, contient cependant des renseignements tous exacts pour le XI° siècle, et qui le sont aussi, en partie, quoique contestés, pour le VII°. On y voit que le *diocesis Lapurdensis* comprenait les vallées de Cise, Baïgorry, Arberoue, Ossès, Bastan, les contrées d'Ernani et St-Sébastien. Une bulle de Célestin III, de 1194, indique aussi Bastan, Lerin, Lesaca, Olazu, (Fontarabie), jusqu'à St-Sébastien, comme faisant partie du même diocèse. Enfin le P. Risco (España-Sagrada-Madrid 1779) et M. Bladé établissent comme suit les Archiprêtrés espagnols soumis à la juridiction de notre évêque français :

ARCHIPRÊTRÉ DE FUENTARRABIA. — Fuentarrabia, Passage, Lizo, Renteria, Oyarzun, Irun.

ARCHIPRÊTRÉ DE CINCO-VILLAS, OU DE SAN ESTEBAN DE LERIN. — Vera, Lesaca, Janci, Aranaz, Echalar, Goyzueta, Arano, Sumbilla, San-Esteban, Gastelu, Oiz, Dona Maria, Legaza, Navarte, Oiaregui, Ituren, Subieta, Elgorriga.

ARCHIPRÊTRÉ DU VAL DE BASTAN. — Maya, Errazu, Arizcun, Elvetea, Elizondo, Garzain, Iturita, Almandoz, Berrueta, Aniz, Lecarroz, Azpicuelta, Arraioz, Oronoz.

Le diocèse de Bayonne conserva ces trois archiprêtrés jusqu'à la fin du XVI° siècle.

A quelle époque lui avaient-ils été donnés ? Etait-ce sous les Carlovingiens, alors qu'ils se disaient maîtres des marches d'Espagne ? Etait-ce avant, ou après ? Le diocèse de Bayonne existait il avant le VIII° siècle ? Nous n'osons pas nous prononcer, quoique nous soyons, nous le reconnaissons, vivement impressionnés par la longue et intéressante dissertation de M. Bladé (*Mémoire sur l'Evêché de Bayonne.* — Etudes Historiques et Religieuses du Diocèse de Bayonne, année 1896), qui tend à prouver que ce diocèse n'est pas d'origine romaine et qu'il dut être créé lors de la formation du royaume d'Aquitaine, en 778.

Nous attendons, pour nous former une opinion définitive, la réponse que M. Poydenot doit faire prochainement à M. Bladé, mais, dans tous les cas, cette réfutation ne sera pas, pensons-nous, assez complète, pour nous faire admettre que le diocèse du Labourd soit autre chose qu'un démembrement de celui des Tarbelles, et ait été définitivement constitué avant lui, c'est-à-dire avant la fin du Vᵉ ou au commencement du VIᵉ siècle.

Nous croyons cependant, nous l'avons dit, à l'authenticité de la charte de Divielle et à l'existence d'un évêque missionnaire ayant fixé sa résidence à Lapurdum, vers 343, mais nous constatons, qu'après lui, il y eut une interruption, plus longue encore à Bayonne qu'à Dax, dans la liste des évêques ; et nous prétendons que cette interruption prouve que, pas plus que son ami EZEⵯTIUS, de Dax, ISCASSIUS, de Bayonne, n'avait pas de diocèse proprement dit, soumis à sa juridiction.

La *Notitia Provinciarum* et la *Notitia Dignitatum Imperii*, dont nous avons déjà plusieurs fois parlé, en les désignant sous le nom collectif de *Notitiæ*, et après elles le traité d'Andelot, appellent Bayonne *Lapurdum*. C'est, évidemment, le nom officiel que lui imposèrent les Romains. Baylac donne à ce nom une étymologie demi Ibérienne, demi Celtique, *Lapurra*, désert, et *dun*, haut, (ou plutôt *dunum*, monticule fortifié). C'était peut-être, pour les conquérants, le monticule fortifié au fond du désert, en venant par les Landes, le *mocoron* (la bonne hauteur) à côté duquel se trouvait la *baia-ona* (la bonne baie) suivant les uns, *le baia une* (le lieu du port), ou le *ibai une* (le lieu de rivières) d'après les autres ; appellations qui conviennent toutes à la situation topographique de la ville qui dut porter à la fois les deux noms, l'un désignant l'*oppidum*, et l'autre l'agglomération bâtie sous sa protection. Ce qui n'est pas douteux, c'est que les textes du XVIᵉ siècle emploient ces deux appellations, et que celle de *Bayonne* n'a prévalu qu'au XIIᵉ, au moment où la commune fut établie par la charte de Jean-sans-Terre.

Même en admettant, et c'est probable parce que les Ibères fortifiaient toujours les promontoires semblables, que le *mocoron* ait été le premier *oppidum* des Lapurdenses, avant la conquête, il est à présumer aussi qu'ils avaient également construit des ouvrages de castramétation à l'extrémité du plateau glaciaire dominant le confluent des deux rivières et le port. Ce dernier poste dut paraître plus avantageux aux conquérants qui s'y établirent et transformèrent en enceinte murée, vers la fin du IVᵉ siècle, les remparts de terre qu'ils y avaient trouvés.

C'est dans cette enceinte que résidait un tribun avec sa cohorte. L'une des Notitiæ d'Honorius, qui régna de 384 à 423, dit, en effet : *In Provincia Novempopulaniæ, tribunus cohortis Novempopulaniæ, Lapurdo* ; à Lapurdum, dans la Novempopulanie, est cantonnée la cohorte de la Novempopulanie.

Mais, faut-il déduire de ce texte, comme on l'a fait, qu'il y avait à Bayonne, sous la domination romaine, une garnison de 1000 fantassins et de 200 cavaliers, ce qui est l'effectif classique de l'ancienne cohorte romaine ? Non certainement, car au IVᵉ siècle, la légion tout entière n'avait plus que 1000 hommes, et il n'y avait dans toutes les Gaules, d'après l'historien Joseph, que 1200 soldats romains.

Nous croyons qu'il convient de mettre sous les yeux de nos lecteurs, pour les édifier complètement sur l'organisation militaire des Gaules à cette époque, le passage d'un procès-verbal résumant une importante communication faite au Congrès de Dax de 1882, par un maître, M. Belisaire Ledain, président de la Société des Antiquaires de l'Ouest, de Poitiers. (Bulletin du Congrès de Dax, 1882, pages LXXV et suivantes) :

« Au III⁰ siècle, les Barbares forcent la ligne du Rhin, « la Gaule est ravagée, les villes sont détruites : Probus « les rejette au-delà du Rhin. La Gaule lui tresse des « couronnes, et il prend dans toutes les peuplades des « contingents pour ses légions. On songe à se défendre ; « c'est le commencement des fortifications.

« Les Barbares avaient semé partout la misère, la « fiscalité romaine souleva l'insurrection des Bagaudes, « c'est-à-dire des gens de la campagne se ruant sur les « villes, celles-ci pour se défendre, durent élever des « murailles à Dax (et à Bayonne)...

« La Notitia Dignitatum, publiée sous Honorius, en « 390, constate la multitude des postes de Barbares auxi- « liaires de Letti. On trouve des *Letti Sarmates* au Mans « et à Chartres, des *Letti Francs* à Rouen, des Saxons à « Bayeux, des *Sarmates* encore à Poitiers, à Blaye et « UN POSTE EXTRÊME A BAYONNE. »

C'était donc une cohorte de Sarmates qu'il y avait à Lapurdum au IVᵉ siècle et non pas une cohorte romaine comme on l'a écrit bien souvent et ce poste extrême était commandé par un simple tribun tandis *qu'il y avait dans chaque cité un Prefectus armatorum.* On lit en effet dans la suite de la communication de M. Ledain :

« Un préfet présidait à chaque cité : *Prefectus arma-*
« *torum.* Les postes étaient disséminés et nombreux, car
« les Bagaudes se multipliaient M. de Courson a carac-
« térisé cette insurrection en la qualifiant de *Chouannerie*
« *du IV⁰ siècle.* »

« La Bagaudie n'était pas le seul danger à ce moment,
« les pirates saxons, à la tête desquels était Carrausius,
« lieutenant de Constance Chlore, menaçaient le littoral. »

Ils durent menacer Bayonne, qui devint plus tard un des points de débarquement de tous les Barbares du Nord. C'est ce qui décida les Romains à y faire des fortifications permanentes, comme dans une cité, et c'en n'était pas une puisque le *préfectus armatorum* n'y résidait pas.

C'est au IVᵉ siècle que remontent les enceintes de Beauvais, Maux, Strasbourg, Auxerre, Dijon, Bourges, Orléans, Poitiers, Le Mans, Rennes, Vannes, Nantes, Bordeaux, Tours, Périgueux, Bayeux, Senlis, Dax et Bayonne.

Elles présentent toutes le même aspect et sont formées de courtines entrecoupées de nombreuses tours ; les parements de murailles sont faits de pierres cubiques, *opus quadurtum regulare*, et de chaines de briques de deux ou trois rangées superposées.

En démolissant ces remparts du IVᵉ siècle, on est sûr de trouver des matériaux sculptés des IIᵉ et IIIᵉ siècles, (fûts de colonnes, frises, statues brisées, chapiteaux, tombeaux) provenant de la démolition de monuments païens et peut être aussi de constructions sans caractère religieux situées dans la partie de la ville qu'on ne pouvait pas fortifier et qui gênaient pour sa défense ; car il est à noter que presque partout ces castrums fortifiés n'étaient que des *réduits* dans lesquels on se retirait en cas d'attaque. On n'avait

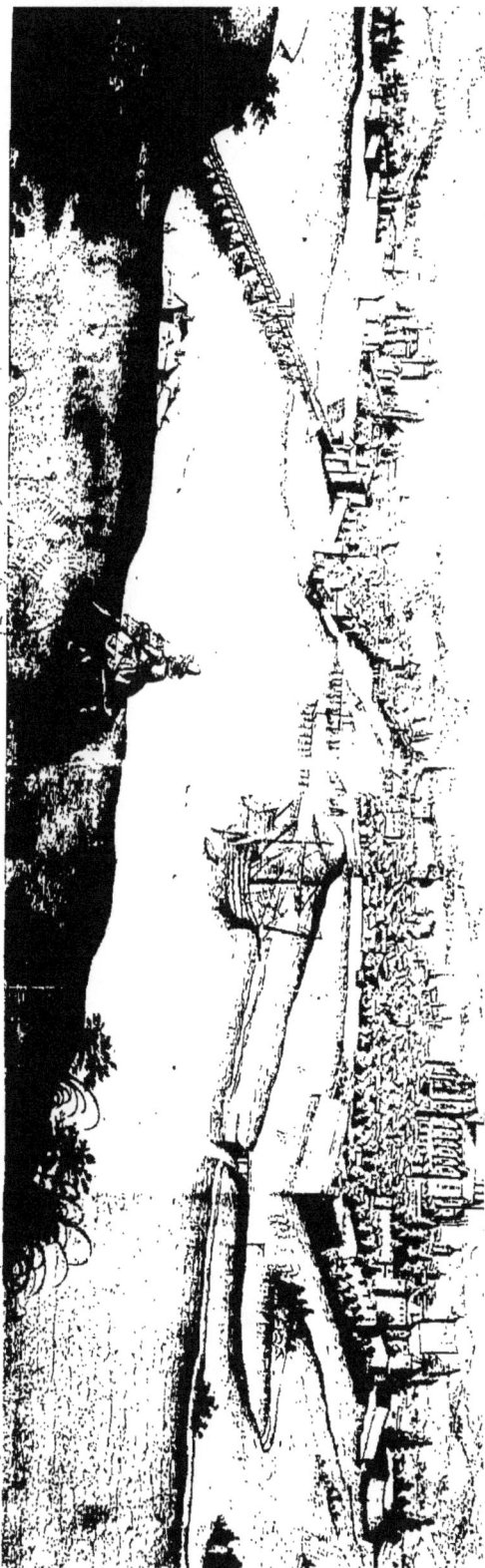

VUE DE BAYONNE EN 1612

Phototypie Rasalèny-Bréchy, à Dax

Vue de Bayonne en 1612

Phototypie Rœring-Biéh), 3 Du

BAYONNE, VU DE LA CITADELLE

Phototypie Rostaing-Bréchy, à Dax

fortifié, dit Caumont, que la partie la plus facile à défendre, ou l'étendue qu'on pouvait entourer de murailles avec les matériaux dont on disposait. On pourrait citer diverses enceintes murales renfermant seulement 9 à 10 hectares, tandis que les villes qui les ont construites en occupaient 200, dans les temps de tranquillité. (Caumont, Archéologie Gallo-Romaine, page 623).

Il en fut, évidemment, ainsi à Bayonne, car les remparts gallo-romains, dont on retrouve les restes, n'avaient qu'un développement de mille à onze cents mètres et n'enceignaient qu'une partie très réduite du plateau, autour de la cathédrale actuelle.

Nous avons pu, avec l'aide de MM. Poydenot, Bernadou et Ducéré, retracer sur un plan, que nous joignons à notre étude, cette enceinte primitive, ainsi que toutes les autres fortifications postérieures dont nous allons entretenir nos lecteurs : depuis le donjon féodal et les murs et les tours du XIIᵉ siècle, jusqu'à la citadelle et les bastions de Vauban et les derniers ouvrages du Génie militaire. (*Voir ce plan*).

Les remparts du IVᵉ siècle sont, comme ceux de Dax, parementés en *opus quadrutum regulare*, un peu moins régulier cependant que ceux de la cité des Tarbelles.

Nous avons, de plus, constaté entre les deux murailles contemporaines, une autre différence : les chaînes parallèles qui séparent les assises des parements sont plus espacées à Bayonne qu'à Dax, et au lieu d'être formées de briques rouges, elles sont faites avec des plaques de calcaire siliceux, d'un étage géologique un peu inférieur à celui de Bidache et encore plus schisteux.

L'enceinte de l'antique Lapurdum formait un quadrilatère presque régulier, dont les quatre angles, défendus par des tours, correspondaient aux quatre points suivants : l'angle Sud-Ouest, au coin du rempart Lachepaillet (la

tour romaine y existe encore à l'endroit où se rencontre-
raient les prolongements des rues des Faures, Douer et
Vieille-Boucherie. Une porte a été récemment percée dans
le mur, tout à côté de cette tour, ce qui permet d'en mesurer
l'épaisseur qui est de trois mètres) ; l'angle Sud-Est à
l'escalier de la Pusterle (de la poterne) qui donne accès de
la rue de la Tour-de-Sault dans celle des Augustins ; celui
du Nord-Est, au carrefour des Cinq-Cantons ; enfin, celui
du Nord-Ouest, à l'angle correspondant du Château-Vieux.

Le tour en est vite fait. En partant du Château-Vieux,
on n'a qu'à suivre le rempart Lachepaillet, en passant
derrière l'évêché et en allant jusqu'à la porte d'Espagne ;
puis à descendre par la rue de la Tour-de-Sault, jusqu'à
l'escalier de la Pusterle et à monter pour prendre la rue des
Augustins. Sur tout ce parcours on trouve, sur sa gauche,
des courtines et des tours, dont les murs sont tout ce qu'il
y a de plus classique en fait de gallo-romain, jusqu'à une
certaine hauteur, qui varie, suivant qu'ils aient été plus
ou moins dégradés par les Barbares, avant leur restauration
au XII° siècle.

De la rue Poissonnerie, à laquelle aboutit celle des
Augustins au Château-Vieux, la muraille occupait l'emplacement des maisons, très peu profondes, parce qu'elles
ont été construites sur l'emplacement même de ces murs,
qui longeaient, toujours à gauche, les rues de la Salie
et Gambetta, et allait rejoindre le parement Nord du
Château-Vieux.

Il n'y avait, primitivement, que trois portes : celle du
Midi, (*Porta Meridiana*), appelée depuis porte St-Léon et
porte d'Espagne ; celle de l'Est, (*Porta Orientalis*), qui
conduisait au port de la Nive, par la rue Poissonnerie ;
celle de l'Ouest, qui se trouvait à l'extrémité de la rue des

Prébendés et qu'on nomma, successivement, porte de l'Evêque, de Tarrïdes et de Lachepaillet.

Il y avait des tours creuses, non seulement aux angles, mais de distance en distance sans qu'on puisse en indiquer exactement le nombre. Celles qui existent encore, ou dont on a conservé le souvenir, figurent sur notre plan et leur situation prouve, comme l'ont fait justement observer M. Poydenot et M. Balasque, qu'elles étaient espacées, comme le recommande Vitruve, *de telle sorte que l'intervalle entre deux tours fût moindre que la portée des traits et des flèches, à fin de repousser les assiégeants, en les blessant à droite et à gauche avec les traits lancés par les scorpions et les autres machines de guerre.* (Vitruve, De L'Architecture, livre I, chap. 5).

Les distances entre ces tours étaient de plus, comme à Dax, très inégales et celles qui défendaient les portes étaient beaucoup plus rapprochées que les autres.

D'après M. Ducéré, les Romains auraient, en sus de cette enceinte, construit une autre tour, ou un castellum, un poste avancé quelconque, au point marqué sur le plan, vers le milieu de la rue Jacques-Lafitte. On y aurait, en effet, découvert des substructions gallo-romaines et une monnaie impériale qui en donnait approximativement la date. Reste à savoir qu'elle était la nature de ces substructions et si elles appartenaient à un ouvrage militaire détaché de la place, ce qui est plus que douteux, ou à un édifice civil ou religieux, un théâtre, ou un temple ?

Pour en finir avec l'époque gallo-romaine, constatons — cette constatation sera à l'appui de notre thèse et prouvera une fois que Lapurdum n'avait pas l'importance d'une cité — qu'aucune des voies de l'itinéraire d'Antonin ne passait par Bayonne. Celle d'*ab Asturica ad Burdigalam* en était relativement très éloignée. Les stations les plus rapprochées étaient Garris et Sorde et rien ne prouve que Lapurdum leur fut relié.

Bayonne communiquait avec Dax, primitivement, par une voie de second ordre, que l'un de nous a décrite dans le bulletin du Congrès de Dax de 1888 (1) et qui traversait les communes actuelles de *Biaudos*, Lanne, Orist et Tercis ; et, plus tard, par le chemin dit d'Alaric passant par St-Martin-de-Seignanx, St-André, Saubrigues, Saubusse et St-Paul-lès-Dax. Ces deux voies sont, toutes deux, jalonnées par des *hittes* ou *peyrehittes*, encore debout, ou dont l'existence et la place sont indiquées par des lieux-dits. Nous avons démontré ailleurs que ces *hittes* sont d'anciennes bornes marquant les lieues gauloises, qui n'étaient que de 2200 mètres, en Aquitaine.

Il y eut, enfin, à la fin de l'occupation romaine, une autre voie dite du littoral, qui devint, au moyen-âge, un chemin très fréquenté par les pèlerins de St-Jacques de Compostelle. Elle allait de Lapurdum à Noviomagum (Soulac), et se confondait, sur une certaine partie de son parcours, de *Losa à Boïos*, avec celle *Ab Aquis ad Burdigalam*, ce qui mettait Bayonne en relation directe avec Bordeaux.

Les diverses hordes de Barbares qui envahirent notre malheureux pays, et surtout les Vandales, qui en restèrent maîtres jusqu'à l'arrivée des Visigoths, dévastèrent complètement les villes et les campagnes de toute la région. Dans une lettre de St-Jérôme on voit que rien n'échappa à leur fureur « ni les châteaux bâtis sur les roches, ni les « places situées au sommet des monts, *ni les villes défen-* « *dues par de larges fleuves.* » Ce fut le cas de Bayonne

---

(1) Bulletin du Congrès de Dax-Bayonne, tenu en 1883 par la Société Française d'Archéologie, p. 250.

dont l'enceinte fut sur plusieurs points presque complètement rasée, comme on peut le constater encore et qui
semble n'avoir été définitivement restaurée, après avoir
subi des avaries très graves de la part des Sarrazins et des
Normands, qu'au XII⁰ siècle, lorsqu'on fortifia à nouveau
toutes les places de l'Aquitaine et qu'on construisit celle
de Mont-de-Marsan.

Jusqu'à cette époque, on s'était contenté de bâtir dans
l'angle Nord-Ouest de l'ancien oppidum, un donjon poly-
gonal, très élevé, entouré, probablement, de palissades du
côté de l'intérieur de la ville. Il fut évidemment la résidence des vicomtes de Labourd, ou de Bayonne, lorsque
les Francs les établirent en remplacement des *Vicarii
judices loci*, qui administraient ces *pagus* gallo-romains.
Ces vicomtes, nommés, à l'origine, pour un an seulement,
rendirent, plus tard, leur charge héréditaire, et ainsi se
formèrent ces dynasties locales de Gascons-Navarrais,
dont les représentants, comme on peut le voir, dans les
tables généalogiques données par Oïhénart, portent partout
invariablement les noms primitifs de *Lob*, *Lop* ou *Lupus* ;
Garcie, *Garcia* ou *Gracianus* ; *Aner*, *Aynar* ou *Asinarius* ;
Sans, *Sanchez* ou *Sanctius* ; *Fort*, *Fortun* ou *Fortunius* ;
Lobaner, *Lupaner* ou *Lupus Asinarii* ; *Fortaner* ou *Fortunius Asinarii*, etc., etc.

Il pourrait se faire, aussi, que ce donjon, connu sous le
nom de *Tour de Floripés* et qui ne fut détruit qu'à la fin du
XVII⁰ siècle, par les ordres de Vauban, ait été bâti à la
même époque que ceux de Dax et de Roquefort, c'est-à-
dire sous le règne de Louis le Débonnaire, qui en fit
construire plusieurs dans la contrée, quand il était roi
d'Aquitaine. Mais, comme il n'en reste plus les moindres
vestiges, il nous a été impossible d'apprécier sa plus ou
moins grande antiquité. Il est plus que probable, cependant,

qu'il remonte, comme tous ceux de la région, à l'ère carolingienne. On peut se faire une idée de sa masse imposante, de sa forme et de ses dimensions, en examinant avec soin, la vue de Bayonne en 1612, de Duwiert qui, comme nous l'avions prévu, se trouve, malgré sa perspective défectueuse, d'une très grande exactitude. Nous y verrons à leur place, les principaux monuments et les fortifications dont nous aurons à parler.

Un plan, de 1685, déposé dans les bureaux du génie et qui nous a fourni sur divers points constestés des renseignements précieux, donne aussi très exactement la forme et la situation de la tour de Floripés. Elle occupait le centre de la cour actuelle du Château-Vieux.

Après l'an mille, la ville quoiqu'à moitié ruinée, avait commencé à s'étendre en dehors des anciennes fortifications.

Ces fortifications n'existaient, pour ainsi dire plus du côté du quartier de St-Léon, qui s'appelait aussi quartier des Tanneries. On construisit, dans ce faubourg, vers la fin du XIe siècle, une église sous le vocable du Saint Martyr bayonnais et deux hôpitaux appelés l'un St-Nicolas et l'autre Ste-Quitterie ou Quitteyre. (1) Il y avait déjà à cette époque une cathédrale qui s'appelait Ste-Marie.

Ce premier agrandissement et ces constructions furent le résultat des dons généreux du vicomte Fortunio Sanche, dont le noble exemple fut suivi par son gendre et successeur Sanche Garcias.

Malgré ce premier développement, la ville, surtout après

___

(1) Ste Quitterie, patrone du diocèse et de la ville d'Aire, jeune Vierge martyrisée dans cette ville des Landes, sous le règne d'Euric, roi des Visigoths. Son culte est très répandu dans tout le Sud-Ouest. On voit dans l'église du Mas d'Aire son tombeau qui est, sans contredit, le plus beau sarcophage en marbre blanc sculpté qu'il y ait en France.

le siège que lui fit subir, en 1132, Alphonse le Batailleur, n'était qu'une agglomération sans importance « de maisons « mal construites et de toits de chaume croulants qui « abritaient une population aussi peu nombreuse que « misérable » (Chronique de Baylac), quand l'évêque Raymond de Martres, qu'on devrait considérer comme le véritable fondateur de Bayonne, qu'il releva de la ruine et créa à nouveau, monta sur le siège de l'ancien *Lapurdum*, qui n'existait pour ainsi dire plus.

Le nouvel évêque avait été moine de l'abbaye de St-Sever, il se rendit dans son ancien couvent pour y visiter Guilhem de Poitiers. Ce brave comte s'y reposait des fatigues qu'il avait éprouvées pendant la glorieuse croisade qu'il venait de faire contre les Maures d'Espagne. Il lui exposa les malheurs de son peuple et obtint, pour sa ville épiscopale, une première charte communale qui fut, en quelque sorte, le préliminaire de celle qui lui fut octroyée, en 1215, par Jean-sans-Terre, et qui organisa, nous l'avons déjà dit, définitivement sa municipalité.

Les privilèges et franchises octroyés par la charte de Guilhem de Poitiers, attirèrent vers Bayonne de nouveaux habitants. Il se produisit vers ce centre communal un mouvement analogue à celui qui peupla plus tard les bastides, et pour le même motif. On dut bientôt songer à agrandir l'ancienne ville, située en entier sur la rive gauche de la Nive. Ce fut alors, que sous la conduite et la direction de l'infatigable Raymond de Martres, une nuée de travailleurs se mit à l'œuvre pour combler le marais qui existait entre la Nive et l'Adour, et qui ne tarda pas à devenir le *Bourg-Neuf* ou *Petit-Bayonne*.

C'est alors qu'on construisit le plus ancien des quatre ponts qui relient aujourd'hui les deux villes. Il s'appela le pont de *Bertaco* ou de *Panecau,* en gascon *Panecaou.*

L'étymologie, qui nous paraît cependant bien simple, de ce dernier nom, a été l'objet de nombreuses discussions.

Avec M. Ducéré *(Les Rues de Bayonne)*, nous pensons que Pane Caou, littéralement *vole chou*, venait de ce que c'était par ce pont que les maraudeurs traversaient la rivière pour aller voler des choux dans les jardins appartenant aux chanoines, qui existèrent pendant longtemps dans les terrains comblés par Raymond de Martres, et qui ne se couvrirent que peu à peu de constructions. M. Poydenot veut que *Pane-Cau* vienne de *Pan-Caout, pain chaud*, à cause des nombreux boulangers qui habitaient la rue à laquelle accède ce pont et qui porte toujours ce même nom, que l'on retrouve, et pour la même raison, dans plusieurs autres villes de la contrée, notamment à Aire et à Sauveterre-de-Béarn. Nous l'admettons, à la rigueur, quoique nous maintenions notre préférence pour les voleurs de choux ; mais nous ne pouvons pas prendre au sérieux l'opinion des « érudits » qui, d'après un article sans nom d'auteur publié par le journal la *Semaine de Bayonne* du 25 novembre 1896, donnent de Panecau « une explication *à la fois originale et plausible* » : l'anecau voudrait dire, en vieux celtique, le *lieu du sang !* Non pas parce qu'on y aurait commis un assassinat plus déshonorant pour les Bayonnais qu'un vol de choux, mais parce que c'était aux environs de ce pont « que ce tenait pendant tout le moyen-« âge le marché public des vendeuses de poissons, lesquel-« les, entre parenthèses, devaient être toujours Bayon-« naises ; c'est à peine si nos commères permettaient aux « Biarrottes de débiter le poisson pêché à Biarritz.»

C'est aussi par l'Evêque bâtisseur, et avec l'aide de Guilhem de Poitiers, que les anciens murs romains, démolis presqu'entièrement par les Barbares, les Sarrazins et les Normands, furent relevés de leurs ruines. Comme ils ne

défendaient pas les quartiers nouveaux, une nouvelle
enceinte fut construite, toujours par les soins de l'évêque,
et elle enceignit, non seulement les bas quartiers de
l'ancienne ville et les ports qui, nous le verrons plus loin,
y étaient creusés, mais encore et surtout la ville neuve.
Cette nouvelle enceinte, d'après Balasque, — et les constatations que nous avons pu faire sur les lieux nous paraissent lui donner raison — « s'épaulait à l'ancienne vers le
milieu de la rue Orbe, marchait droit devant elle le long
« de la rue Pont-Mayou ou Chegaray (aujourd'hui Victor
« Hugo), s'arrêtait à la Nive pour reprendre au-delà, sur
« la rive gauche de l'Adour, qu'elle cotoyait jusqu'à
« l'extrémité de l'hôpital militaire actuel et *suivait le pied*
« *des coteaux de Mousserolles jusqu'au Château-Neuf, d'où*
« *part une ligne presque perpendiculaire ;* elle regagnait
« la Nive vis-à-vis la tour de Sault.

D'après Baylac, on voyait encore les vestiges de cette
enceinte, en 1696, derrière les jardins des Jacobins, des
Capucins et des Cordeliers, ce qui confirme l'opinion de
Balasque et fait passer ces remparts du XIIe siècle par
la face extérieure du Château-Neuf et sur l'emplacement
de l'arsenal militaire. Nous sommes également de cet avis
et la raison qui nous fait le partager, c'est que nous croyons
avoir retrouvé des traces de cette enceinte dans les dépendances du Château et que nous avons pu en constater la
direction, qui est bien celle indiquée par Baylac.

M. Ducéré soutient, au contraire, que ce rempart laissait
le Château-Neuf, ou l'emplacement sur lequel il aurait été
construit plus tard, en dehors, et il s'appuie, pour le
soutenir : 1º sur ce qu'une rue qui, s'il en était autrement,
aurait été dans l'intérieur de la ville, s'appelle la rue des
Lisses, ce qui signifie palissade *extérieure* établie pour la
défense de la place ; 2º sur ce qu'il y avait une porte sur-

montée d'une tour à l'entrée de la rue Panecau. D'après lui, les murailles de Raymond de Martres auraient passé par la petite rue située derrière l'abside de la chapelle de l'hôpital militaire, puis entre l'église St-André et cet hôpital, et auraient même pénétré, de quelques mètres, dans la rue Marengo ; là elles auraient tourné, à angle droit, vers le coin de la rue des Cordeliers qu'elles auraient suivie jusqu-à la Nive. Elles auraient, ensuite, remonté le cours de la rivière jusqu'à la tour des Menons, située en face de celle qui existe encore et qu'on appelle toujours la tour de Sault.

On peut, je crois, répondre à M. Ducéré et lui dire : 1° que les lisses dont il parle pouvaient très bien avoir été établies pour défendre le Château-Neuf du côté de la ville, comme le fut, au commencement du XVII° siècle, ou à la fin du XVI°, le *pied de mulet*, démoli en 1689 ; notre contradicteur est le premier à prétendre que le Château-Neuf a été construit par Charles VII et par Louis XI, *pour tenir la ville en respect, plutôt que pour la défendre*. (Nous examinerons plus loin la question de savoir s'il ne se trompe pas également sur la date et sur l'origine de tout ou partie de ce château) ; 2° qu'il existait, dans presque toutes les villes, des portes ou arceaux surmontés de tours, placées à l'intérieur, à l'entrée des rues, et que leur existence ne prouve pas qu'elles dépendaient d'une ancienne enceinte. Nous avons vu, notamment, qu'à Mont-de-Marsan, d'après le plan de Duwiert, il y avait un grand nombre de ces tours intérieures, et nous verrons qu'à Bayonne on a conservé le souvenir de celles des Menons, de Piémont, de St-Lazare, de Naguille ou de Puyanne, sans compter celles construites par le dernier des vicomtes de Bayonne, Guillaume Raymond de Sault, qui acheva l'œuvre commencée par Raymond de Martres.

La tour des Menons (Frères Mineurs), était sur la rive droite de la Nive, vis-à-vis celle appelée de Sault, à laquelle on la reliait par des chaînes en fer, pour fermer le port. Celle de Piémont était sur la place actuelle de la Liberté, en face de celle du Réduit, et servait aussi à défendre les chaînes qui barraient l'embouchure de la Nive; Celle de St-Lazare était double et se trouvait à l'entréc de la rue des Basques, en venant de St-Léon. Celle de Naguille ou de Puyanne était dans la rue de Gosse, au centre de l'ancien oppidum et a dû appartenir successivement aux deux familles nobles de Naguille et de Poyanne qui, toutes deux, ont joué un rôle important dans l'histoire de Bayonne

Ces tours intérieures étaient, croyons-nous, une sorte de privilège, une distinction accordée à des personnages importants et à leurs descendants, en reconnaissance des services rendus aux villes qu'ils habitaient. Il y en eut jusqu'à douze, à Dax, à un moment donné, et c'est ce qui valut à notre cité le nom sous lequel on l'a souvent désignée de *ville aux douze tours.* Des textes formels dont il a été question à une des dernières réunions de la Société de Borda prouvent qu'on alla jusqu'à donner à des particuliers des tours de l'enceinte à la charge par eux d'en assurer la défense. Il en fut, probablement, de même à Bayonne. (1)

Toutes ces tours dont nous venons de parler sont de différentes époques et il serait trop long de donner sur elles de plus amples détails. Nous n'insisterons que sur les trois qui furent construites, à la fin du XII⁸ siècle par Guillaume Raymond de Sault.

La première, celle qui porte encore son nom est située,

---

(1) Procès-verbal de la Société de Borda, séance d'Avril 1897:

nous l'avons vue, à l'extrémité Sud du pont du génie, et
défendait l'ancienne porte St-Lazare, qui se trouvait
vraisemblablement autrefois entre les deux tours à l'entrée
Est de la rue des Basques. Elle a été complètement
remaniée, rabaissée et cimentée. Il est cependant facile de
voir que c'était bien un donjon carré de l'époque à laquelle
on l'a fait remonter et que, comme les deux autres dont il
va être question, elle devait être entourée de murs qui en
faisaient un véritable châtelet ;

La seconde s'appelait la tour du St-Esprit ; elle a été
moins dénaturée, quoiqu'elle ait été incorporée, en quelque
sorte, enfermée dans l'enceinte et réunie aux constructions
de diverses époques qui constituent le petit château qu'on
appelle aujourd'hui le *Réduit ou Caserne Barbanègre*.
Nous aurons à en parler de nouveau ;

Il n'est pas douteux, pour nous, et nous regrettons de ne
pas être d'accord sur ce point, avec nos collègues en
archéologie de Bayonne, que la troisième, celle appelée du
Nord, n'est autre que le donjon, transformé plus tard
en chapelle, toujours majestueusement debout au centre
du Château-neuf. Il constituait, lui aussi, un châtelet, mais
plus important que les deux autres, et défendait la porte
de Mousseroles, comme la tour de Sault protégeait celle
de St-Lazare. Cette porte de Mousseroles s'appuyait contre
les murs de la cour carrée qui entouraient la tour, à l'angle
Nord-Ouest de ce quadrilatère. Les meurtrières dont la
muraille était percée à cet endroit, sont encore visibles et
bien caractéristiques comme forme. Elles constituent pour
nous de véritables dates, aussi certaines que celle donnée
par la taille des pierres de grand appareil dont sont
parementés le donjon et les remparts qui l'entouraient. Ces
pierres, sont, en effet, layées en travers et tous les
archéologues savent que ce n'est qu'au XIe et au XIIe

siècles qu'on a ainsi layé obliquement le parement des
pierres de taille tandis que plus tard et, par conséquent à
fortiori au XV⁰ siècle, on ne les laya
plus que perpendiculairement. (1)

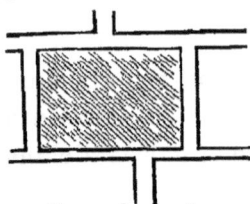

Ce layage oblique se remarque aussi
sur les constructions dans lesquelles
on voit une porte en ogive, avec la
coulisse de sa herse et tous les autres caractères distinctifs
de la fin du XIIᵉ siècle, qui faisait communiquer le *donjon du
Nord et la cour qui l'entourait, avec l'extérieur de la place*.
Nous soulignons notre phrase pour signaler tout particulièrement à nos lecteurs ce point sur lequel nous aurons à
revenir, parce que nous trouverons la même porte extérieure
au Château-Vieux et que dans le plan du Génie de 1685,
la partie du Château-Neuf qui nous occupe en ce moment,
est appelé le *Donjon et la Cour du Donjon*. Nous les prions
de ne pas oublier cette partie de notre argumentation sur
laquelle nous nous appuyerons pour soutenir qu'il y avait
un château, à Mocoron, avant celui qui fut construit au
XV⁰ siècle par Charles VII, Louis XI et Charles VIII.

Mais, avant d'en venir au Château-Neuf, nous avons à
étudier son frère aîné le Château-Vieux et à dire aussi
quelques mots de plus du Réduit et de ses diverses
transformations :

Les Bayonnais veulent que le Château-Vieux soit un
ancien *castellum* romain, un *réduit* dans lequel se serait
retiré la garnison en cas d'envahissement de l'oppidum.

Nous avons déjà vu que les enceintes gallo-romaines du

---

(1) Le dessin représentant le layage en travers est extrait des
œuvres de M. de Caumont.

IVᵉ siècle n'étaient, elles-mêmes, que des réduits et qu'elles ne comportaient pas, par conséquent, de castellum intérieur.

Nous avons examiné avec le plus grand soin, pierre par pierre et *contradictoirement*, toutes les constructions, des caves aux greniers, qui composent le Château-Vieux et acquis la conviction que son histoire est identiquement la même que celle de l'ancien château de Dax, que nous avons pu lire en quelque sorte et reconstituer en entier, pendant sa démolition :

A Bayonne, comme à Dax, on a commencé par contruire un donjon carlovingien dans l'angle Nord-Ouest, de l'ancienne enceinte romaine, et ce n'est qu'au XIIᵉ siècle, qu'on a fermé de murs avec des tours, le quadrilatère qui entoura le donjon jusqu'à sa démolition. Ce qui fait que seuls les deux murs extérieurs, au Nord et à l'Ouest, s'appuient sur des fondations romaines ; ceux au Sud et à l'Est ont été construits de la base au sommet, par Guillaume Raymond de Sault et remaniés depuis à diverses reprises, au XIVᵉ, au XVᵉ, au XVIIᵉ siècles et, postérieurement, par le génie militaire.

Ce premier quadrilatère était mis en communication avec l'intérieur de la place, par une grande porte ogivale, armée d'une herse, et sur le fronton de laquelle on voit des armoiries à moitié effacées qu'il serait bien intéressant de pouvoir déchiffrer ; et, avec l'extérieur, par une autre porte semblable, mais plus petite, qui se voit dans l'une des caves dépendant du logement de M. le Commandant, Chef du génie. Ce n'est que dans un caveau à côté que nous avons pu retrouver les restes de remparts romains parementés en *opus quadratum* avec plaques de pierres schisteuses, semblables à celles que l'on voit sur le reste de l'enceinte.

L'avant-corps dans lequel donne aujourd'hui la grande

porte dont nous venons de parler ne date que de 1651 et
les deux tours qui le défendent, du côté de l'hôtel de
l'Etat Major, ont été ajoutées par Vauban. Le tout réuni
forme un ensemble dont l'aspect produit un assez bon effet.
(Voir la planche).

Au pied de l'une des tours du Nord, on voit l'amorce
d'un ancien rempart, bâti probablement au XIV° siècle,
et qui fut plus tard terrassé, par Lautrec. C'est celui qui
est représenté dans la vue de 1612. Il reliait le Château-
Vieux au bastion du Nard, (*nardus marais*), figuré dans le
même plan et attribué avec raison à Errard de Bar-le-Duc,
qui fit faire de grands travaux de fortifications à Bayonne
et dans toutes les villes de la région.

Le Château-Vieux devint la résidence des gouverneurs
de Bayonne après avoir été celle des Comtes qu'ils avaient
remplacés. De plus, tous les personnages de distinction qui
passèrent ou séjournèrent dans cette ville, y logèrent, à
l'exception de Philippe V qui descendit à l'évêché, comme
l'avait fait le cardinal Mazarin, et, après lui, la reine
Catherine de Médicis. Louis XIV avait logé dans la rue
Orbe, chez les frères Sourhamdo.

Le duc de Lancastre, s'y établit quand il prit le titre du
roi de Castille et de Léon, et il obtint de son frère
Edouard III le droit d'y battre monnaie, en 1378.

Mais celle qui habita le plus longtemps l'antique demeure
des vicomtes fut la veuve de Charles II d'Espagne,
Marie-Anne de Nembourg, qui chassée de son ancien
royaume à la suite de quelques intrigues politiques
auxquelles elle s'était trouvée mêlée, vint s'établir à
Bayonne le 20 septembre 1706 Elle y fut reçue en
souveraine. On a gardé encore le souvenir des magnifiques
fêtes qui furent données à l'occasion de son arrivée et de
celles qu'elle organisa, plus tard, pendant le long séjour

qu'elle fit en France. Elle aimait à les présider du haut du
balcon de l'une des fenêtres du bureau actuel du colonel du
génie. Elle faisait souvent danser le saut basque par des
jeunes paysans, sur l'esplanade qui se trouve entre le
Château-Vieux et la grande maison qui lui fait face, au
Sud. Cette maison existait déjà. Nous aurons à en parler
encore à propos de ses caves monumentales.

C'est Marie-Anne de Neubourg qui fit construire le
château de Marrac, devenue, plus tard, célèbre par l'acte
important et regrettable qui y fut accompli par Napoléon Iᵉʳ
le 7 juin 1808, lorsqu'il y proclama roi d'Espagne son
frère Joseph, après avoir détrôné, on sait comment, le
vieux roi Charles IV et son fils, Ferdinand VII.

Le château de Marrac est situé à 2 kilomètres de la
ville, sur la route de Cambo. Il est aujourd'hui complètement en ruines. Dans ses dépendances on a établi un
quartier d'artillerie ; et dans son magnifique parc on a
construit un vaste lycée dont l'architecture, par trop
moderne, contraste avec les vieux et majestueux restes du
château.

La veuve de Charles II resta à Bayonne jusqu'au 17
septembre 1738, c'est-à-dire pendant plus de 32 ans ; mais,
elle n'habita pas le Château-Vieux pendant tout ce temps.
Au moment de son départ elle était au palais St-Michel.

Le Château-Vieux est bien déchu de son antique splen-
deur. Il n'y loge plus que des officiers du Génie et du
Recrutement et les magnifiques salons, dont on peut
encore admirer les belles cheminées et les lambris riche-
chement ornés des XVIIᵉ et XVIIIᵉ siècles, sont transformés
en bureaux. Ces officiers sont tous, fort heureusement, des
hommes de goût. Il y a même parmi eux des archéologues,
et ils veillent avec soin à la conservation de tous ces
souvenirs du passé, qu'ils nous ont fait visiter avec une

La Tour St-Esprit et le Réduit

Photot... Rou...

Le Château-Vieux

complaisance dont nous leur sommes profondément reconnaissants.

Nous devons aussi une grande reconnaissance à M. le
Colonel Privat, commandant le 49° régiment d'infanterie,
qui a poussé la bonté jusqu'à nous servir, en quelque sorte,
de guide dans la longue visite que nous avons faite au
Château-Neuf. Nous avons pu, grâce à lui et aux importantes constatations qu'il nous a fait faire, l'étudier en
détail d'une façon complète. Nous n'oublierons pas ni son
amabilité, ni sa haute compétence, et nous nous féliciterons
toujours d'avoir eu cette occasion d'entrer en relations avec
ce chercheur et ce collectionneur émérite que ses fouilles
de Tunisie ont depuis longtemps mis en évidence dans le
monde archéologique.

Après un examen aussi sérieux de ce château, transformé
aujourd'hui en caserne, nous n'hésitons pas à soutenir,
comme nous l'avons déjà fait plus haut, qu'il y a eu des
travaux de castrametation tout d'abord, puis de véritables
fortifications, et ensuite un donjon entouré de remparts,
formant un véritable châtelet, au XII° siècle, sur la hauteur
de Mocoron (1).

Ces constatations matérielles seraient, d'après certains
de nos contradicteurs bayonnais, en opposition avec des
textes que l'on trouve dans leurs archives, et notamment avec une enquête ou plutôt une sorte de procès-
verbal d'expertise, qui fut fait par Johanicon Dargelas,

_____

(1) Quoique nous ayons annoncé p'us haut que nous parlerions
du Réduit avant d'étudier et de discuter les questions. plus importantes, relatives au Château-Neuf, nous avons cru devoir inter-
vertir l'ordre que nous avions projeté pour notre étude, pour
donner à notre discussion plus de suite et plus de clarté.

Jehan de Haritzague et Mathieu de Fortans, en exécution de lettres patentes de Louis XI, du 15 Février 1461, pour estimer les terrains nécessaires à la construction du nouveau-château, ordonnée et commencée par Charles VII. Mais après cette expertise, Louis XI ordonna par *commis-sion* du 1er septembre 1463, *une imposition et levée de 15.400 livres pour la construction des chasteaux de Bayonne, St-Sever et la réparation du chasteau de Dax* ». (Bibl. Nat. Collect. Doat, vol. CCXXI, f° 122).

Nous croyons nécessaire de reproduire cette *commission* presqu'en entier, ou tout au moins sa partie relative aux motifs qui justifient la levée extraordinaire de fonds qu'elle édicte. Nous y puiserons des arguments et des explications à l'appui de notre thèse qu'elle est loin de contredire, pas plus, du reste, que l'expertise. Elle est ainsi conçue :

« A tous ceux qui ces présentes lettres verront Arnaud
« de Labarthe, garde du scel royal establi aux contraux
« en la ville et cité d'Acx pour le Roy notre Sire, Salut·
« Scavoir faisons que aujourd'hui Pierre de Massères,
« clerc, notaire royal, nous a apposté et témoigné avoir
« veu, tenu et de mot à mot parleu certaines lettres paten-
« tes du Roy notre dit Sire, scellées en cire jaune et de
« son grand scel, etc..., desquelles la teneur s'ensuit :

« Louis, par la grâce de Dieu roy de France, à nos
« amez et féaux Jean Tudert, notre conseiller et président
« de nostre Parlement scéant à Bourdeaux, Dinadan,
« chevalier, seigneur de Marsan, lieutenant de nostre
« seneschal des Lannes, et Macé Picot, nostre comptable
« dudit lieu de Bourdeaux, salut et dilection. — *Comme*
« *après la recouvrance et conqueste faicte par feu nostre*
« *seigneur et père, que Dieu absoille, de nostre pays de*
« *Gascongne et duché de Guyenne, nostre dit feu seigneur*
« *et père, pour garder et entretenir en son obéissance nos*

« subjects desdits pays, ET RÉSISTER AUX ENTREPRISES
« DES ANGLOIS NOS ANCIENS ENNEMIS, et pour autres
« causes à ce le mouvans, eut, par l'Advis et délibération
« des gens de son Grand Conseil, ORDONNÉ FAIRE
« CONSTRUIRE ET ÉDIFFIER DE NOUVEL UN CHASTEL EN
« NOSTRE VILLE ET CITÉ DE BAYONNE, ET UN AUTRE EN
« NOSTRE VILLE DE SAINT-SEVER et réparer celluy de
« nostre ville et cité d'Acx, pour l'exécution de laquelle
« ordonnance les gens des trois Etats d'iceux pays,
« considérans que le bastiment desdits chasteaux estoit au
« bien d'eux et au solagement dudit pays, à cause du
« payement et logis des gens de guerre qu'il eust convenu
« entretenir en iceux pays, eussent dès lors et depuis
« accordé et mis sur eux certaines sommes et manœuvres
« pour estre EMPLOYÉES ET DESPENDUES ÈS DITS TROIS
« CHASTEAUX ET EMPLOYÉES A CERTAINES GRANDES ET
« BELLES RÉPARATIONS QUI Y ONT ÉTÉ FAICTES, lesquelles
« ne sont pas encore parachevées. Et pour ce que Nous
« désirons l'ouvrage et réparation des dits chasteaux être
« continué et parfait au plus tost que faire se pourra, ce
« que ne se peut faire sans lever encore aucune somme de
« quinse mil livres ès dit pays, Nous, pour ces causes,
« avons par l'advis et délibération de Nostre Grand
« Conseil, ordonné faire continuer et parachever de bastir
« iceux trois chasteaux, et que la somme de quinse mil
« livres tournoises sera présentement mise sus, imposée et
« levée pour l'année avant commençant le premier jour
« d'octobre prochain venant sur tous les habitans contri-
« buables ès pays de nostre sénéchaussée des Lannes et
« autres du pays de Gascongne, excepté ceux qui contri-
« buent au payement des dits gens de guerre, pour convertir
« et employer au parachèvement, fortification et deffence
« desdits trois chasteaux durant laditte année, avec la

« *somme de quatre cens livres tournoises pour les fraix*
« *nécessaires. Pour ce est-il que Nous, confians de vos sens*
« *loyauté et bonne diligence, vous mandons et commettons*
« *par ces presentes et aux deux de vous en l'absence de*
« *l'autre, que appelez gens d'Eglise, nobles et autres gens*
« *des trois estats dudit pays en telle nombre que verrez*
« *estre affaire. Vous mettez sus incontinant et départés*
« *ladite somme de quinze mil livres tournoises pour le*
« *principal dudit bastiment avec ladite somme de quatre*
« *cens livres tournoises pour les fraix de ladite commission,*
« *le plus justement et égallement que faire se pourra, le*
« *fort portant le faible, sur toutes manières de personnes*
« *habitans ès villes, lieux et places, qui ont accoustumé de*
« *contribuer le temps passé auxdits bastimens. C'est à*
« *scavoir :*

« *Sur le pays de Chalosse, Ville et prévosté de Saint*
« *Sever, cinq mil six soixante livres tournoises,* » etc., etc.

Donné à Poissi le premier jour de septembre l'an de
grâce mil quatre cens soixante-trois et de nostre règne le
troisième.

Ainsi signé : Par le Roy Guillaume d'Avarie,
général et autres présens,

BOURRÉ.

Nous avons appelé spécialement l'attention des lecteurs
sur divers passages de cette intéressante citation, et reve-
nant avec eux sur ces passages que nous leur avons signalés en les imprimant en plus gros caractères, nous nous
demandons : 1° Si ces mots ÉDIFFIER DE NOUVEL ne
signifient pas construire à nouveau un édéfice qui avait
existé déjà et non pas faire une *construction entièrement
neuve,* comme on l'a prétendu en nous les opposant ? 2° Si
la chose peut être douteuse pour le chasteau de Bayonne,

alors que tout le monde est d'accord pour reconnaître que, à St-Sever, il y a toujours eu, depuis l'époque gallo-romaine, un vieux château qui s'appelait le *Palestrion*, qu'il n'y en a jamais eu d'autre et que c'est celui qui a été reconstruit et agrandi par Charles VII et Louis XI ?

Notre façon d'interpréter ces mots, *édiffier de nouvel*, trouve une véritable approbation dans le texte lui-même, et elle est donnée par son rédacteur qui explique, un peu plus loin, que « *les sommes et maneuvres imposées* » doivent *estre employées ès dits trois chasteaux à* CERTAINES GRANDES ET BELLES RÉPARATIONS *qui y ont été faictes, lesquelles ne sont pas encore parachevées.* »

Il paraît difficile, sinon impossible, d'admettre que les travaux importants visés par la commission royale aient été autre chose que des RÉPARATIONS GRANDES ET BELLES, c'est-à-dire, tout au plus, une réédification et un agrandissement.

C'est ainsi que l'avaient compris, avant nous, Pierre du Vignau, garde du scel, à Dax, et son collègue de Saint-Sever, Jehan du Couldroy, dans les quittances qu'ils donnèrent après la perception de l'imposition établie par Louis XI « *pour être convertie et employée aux chasteaux* ET AUTRES RÉPARATIONS *dud. Bayonne, Dax et St-Sever* » ou bien encore « *pour faire continuer le bastiment et* AUTRES RÉPARATIONS NÉCESSAIRES ÈS CHASTEAULX *villes et citez des dits Bayonne, Dax et St-Sever.* » *Le bastiment* en question n'était donc qu'une réparation comme les autres travaux qu'on fit alors. (Arch. Nat. Cartons des Rois. K. 69, nº 16, et Fonds Français, 26,083, nº 6, 789).

M. Léon Cadier, dans son remarquable travail sur L'ADMINISTRATION ROYALE ET LES ETATS PROVINCIAUX DANS LA SÉNÉCHAUSSÉE DES LANNES, SOUS CHARLES VII. (Revue de Béarn, Navarre et Lannes, tome troisième,

4ᵉ livraison, octobre-décembre 1885), cite encore « *des*
« *Lettres de non préjudice données au sire d'Albret par les*
« *commissaires royaux auprès des Etats de la sénéchaussée*
« *des Launes, au sujet de l'Aide au roi pour la* RÉPARATION
« *des châteaux de Bayonne, Dax et St-Sever — 28 juin*
« *1457.* (Archives des Basses-Pyrénées, E. 70). Il y est
question « *de la faysson et réparation dous Caslets de*
« *Bayonne, d'Ax, é de Sen Sever.* »

L'agrandissement du château de Bayonne fut, nous le
savons, considérable. Nous sommes les premiers à reconnaître qu'on construisit, en réalité, au XVᵉ siècle, un
nouveau château, à côté de celui qui existait déjà et qui
devait être alors en fort mauvais état. C'est ce qui fit qu'on
dut exproprier des terrains avoisinant l'ancien donjon et
les faire estimer par des experts qui dressèrent de leurs
opérations le procès-verbal qui est aux archives et qui ne
prouve rien contre nous.

Nous avons, du reste, comme on l'a vu plus haut, trouvé
la confirmation de notre opinion dans le plan du génie qui
distingue parfaitement l'antique donjon et sa cour entourée
de murs dont nous avons constaté l'existence de la partie
qui leur a été annexée plus tard, et qu'il appelle seule le
Château-Neuf.

Enfin, on voit dans une chronique espagnole, citée par
M. Ducéré, dans son *Histoire des Rues de Bayonne*, (t. II.
p. 165) qu'il y avait dans cette ville, en 1168, trois châteaux
et ce ne pouvaient être, évidemment, que le Château-Vieux,
le Réduit et le donjon de Mocoron, transformé plus tard
en Château-Neuf.

Ce qui reste du donjon des remparts qui l'entouraient et
la porte ogivale avec herse qui le faisaient communiquer
avec l'extérieur de la place, sont bien de la seconde partie
du XIIᵉ siècle ; l'appareil des murs avec ses pierres layées

en travers ne peut pas laisser, à un archéologue, le moindre doute sur ce point inconstestable et qui n'est pas, comme les textes, sujet à interprétation, ni à controverse.

Nous allons plus loin et, nous basant encore sur des données archéologiques également incontestables, nous osons soutenir que les deux tours rondes qu'on voit encore au Sud-Ouest de la cour du donjon, extérieurement à ce quadrilatère primitif, sont, au moins, jusqu'à une certaine hauteur, antérieures au XV⁰ siècle ; l'une, positivement du XIII⁰ est, dans sa partie basse, pour ainsi dire la reproduction exacte de celles de Lillebonne, de Villeneuve-le-Roi ou de Gisors que M. de Caumont donne comme types de cette époque dans son Archéologie Civile et Militaire ; l'autre est un peu plus récente et a été presque complètement refaite, en 1489, par Charles VIII, qui d'après Baylac « *fit achever la construction de deux grosses tours rondes au Château-Neuf.* (Chronique de la ville de Bayonne, p. 109).

Sur sa porte, on voit encore une niche entourée d'ornements de la fin de la période gothique qui a, dit-on, contenu la statue de ce roi.

Toutes les deux portent des traces évidentes d'une déstruction partielle qui dut se produire vers la fin du XIV⁰ siècle, probablement pendant le siège d'Henri de Transtamare, en 1377. Le Château-Neuf fut encore modifié et agrandi sous François I⁰ʳ par Lautrec, et sous Henri IV par Errard de Bar-le-Duc. Ce fut ce dernier, très probablement, qui y ajouta le bastion Sainte-Marie et le pied de mulet, qui défendait son entrée, du côté de la ville. En démolissant, en 1688, cette petite fortification, on trouva, dit Baylac, (loco citato), une grosse « *pièce de fonte en « forme de médaille sur la face de laquelle sont empreintes « les armes de la ville avec leur devise : nunquam polluta.* »

Cette médaille est un poids qui, croyons-nous, a été conservé, et les armes qu'il porte, encore en usage aujourd'hui, sont : de gueules à la tour d'argent talusée de sable, accostée de deux lions d'or sommés de deux pins de sinople avec sept fruits d'or, posés trois, trois, un, sommée d'une fleur de lis sur champ d'azur.

Oihénart dit que, avant ces armoiries, Bayonne avait trois crapauds posés deux, un, sur un champ qu'il n'indique pas. On s'est demandé si cet auteur n'avait pas pris pour des batraciens, des fleurs de lis grossièrement sculptées ?

Les derniers agrandissements du Château-neuf exécutés par Vauban et, après lui, par les officiers du génie, ont fini par lui faire absorber, peu à peu, avec l'arsenal qui en est une dépendance, tout l'emplacement occupé jadis par les Couvents des Clarisses et par celui des Cordeliers. Ils existaient encore, à ses pieds, en 1612, comme on peut le voir dans le plan de Duwiert.

On voit aussi figurer sur ce plan les diverses parties du Château-neuf que nous venons de décrire et le châtelet qui est devenu plus tard le Réduit. Ce dernier était alors une construction massive, flanquée, aux quatre angles, de tours qui défendaient la tête du pont de la *grande mer*. Ce pont était en bois et son arche médiane se levait à l'aide de forts leviers pour intercepter la communication. Le petit fort, ressemblant à un pâté comparable à celui de Blaye, se reliait par un mur à la tour de Saint-Esprit. Il avait dû être construit sur les terrains occupés antérieurement par le premier Couvent qu'eurent à Bayonne les P. P. Dominicains, et sur la *place Bourgeoise* qui fut, pendant longtemps, le le lieu où se réunissaient les notables de la ville, et où ils traitaient leurs affaires, comme ils le faisaient encore pendant presque toute la moitié de ce siècle, aux Cinq-Cantons. C'était, paraît-il, une véritable Bourse en plein air.

Les Cinq-Cantons existent toujours et portent le même nom, c'est le carrefour où viennent converger les rues Argenterie, Port de Castets, Victor-Hugo, Gambetta et de la Salie. Mais ils ont perdu leur animation et leur originalité. On peut se faire une idée de ce qu'ils étaient en 1820 par le curieux et intéressant dessin à la plume dont nous donnons la reproduction, (voir la planche). On y remarquera les maisons à pan de bois, véritables types de celles qu'on construisit, au XVIe siècle, non seulement à Bayonne, mais dans toutes les villes de la région et un peu partout, en France et même à l'étranger. Les personnages figurés dans ce dessin y sont si bien représentés, que les vieux Bayonnais les reconnaissent encore. On y retrouve tous les gros négociants de l'époque.

Il ne reste plus à peu près rien de l'ancien châtelet du Réduit, antérieur au XVIIe siècle, si ce n'est la base du mur à l'Ouest.

L'ensemble nous paraît avoir été construit avant la venue à Bayonne de Vauban, par Errard de Bar-le-Duc, ou ses successeurs, postérieurement à 1612, puisque le pâté dont nous venons de parler figure seul sur la vue cavalière de la Bibliothèque Nationale.

Vauban ne fit, d'après nous, qu'y ajouter la façade du côté de la ville et les deux portes monumentales, du Nord et du Sud, qui sont avec leurs triglyphes et leurs ornements neo-grecs des types classiques des portes de ville de la fin du XVIIIe siècle. Elles s'appellent portes de France, parce que, à elles deux, elles font communiquer la place avec la France, par opposition à celle qui s'ouvrait du côté de l'Espagne et portait le nom de ce royaume. Cette dernière est d'une architecture semblable et doit être aussi attribuée à Vauban.

La démolition du Réduit et des casernements modernes

qui lui avaient depuis longtemps enlevé tout son cachet vient d'être décidée. On nous assure qu'on a l'intention de conserver la porte de France et d'en faire une sorte d'arc-de-triomphe, comme ceux qui existent sur plusieurs points de la ville de Bordeaux. Cette idée ne nous paraît pas pratique, ni même réalisable, car cette porte est constituée par un double placage, séparée par toute la longueur d'un couloir, et ne pouvant s'appliquer l'un contre l'autre.

Au XIV* siècle, les fortifications de Bayonne durent être réparées et modifiées comme le furent toutes celles des autres places de la région. C'est alors, croyons-nous, qu'on agrandit l'enceinte du côté de l'Ouest et qu'on construisit le rempart qui allait du Château-Vieux au centre de la place d'Armes actuelle, en suivant, à peu de chose près, le tracé de la rue Vainsot ; puis qui, tournant à angle droit vers l'Est, rejoignait le mur du XII* siècle, au bord de la Nive. Ce rempart, très bien représenté dans le plan de Duwiert, offre, en effet, avec ses créneaux et ses échauguettes, tout l'aspect des fortifications, antérieures de peu au XV⁰ siècle.

Errard de Bar-le-Duc construisit pour défendre l'angle Nord-Ouest de cette enceinte relativement nouvelle, un bastion semblable à celui de Sainte-Marguerite de Dax, et qui, bâti dans un marais, prit le nom de bastion du *Nard*. Par corruption, certains textes des archives l'appellent bastion du Nord.

Avant les modifications apportées à l'ensemble des fortifications de Bayonne par l'illustre précurseur de Vauban, auquel on attribue souvent à tort bien de ses œuvres, Lautrec avait, avant d'aller en Italie, ordonné et dirigé des travaux d'une grande importance pour défendre la ville et pour la mettre autant que possible à l'abri des nouveaux projectiles lancés par l'artillerie, bien plus dangereux que ceux en usage jusqu'alors.

Nous sommes d'accord avec M. Ducéré pour croire que ce fut l'illustre vaincu de Pavie qui fit établir, en dehors de l'ancienne enceinte gallo-romaine, depuis le Château-Vieux jusqu'à la tour de Sault, un nouveau mur terrassé, percé de barbacanes, de distance en distance. Il conserva le rempart de la rue Vainsot et se contenta de le terrasser. Il est à noter que les fortifications de Dax subirent aussi, en 1523, une modification analogue, sous les ordres du gouverneur Haubardin de Luxembourg, qui fit démolir plusieurs églises et plusieurs couvents situés hors des murs. Il en fut de même à Bayonne, car c'est alors qu'on rasa l'église Saint-Léon, le couvent des Clarisses, etc., etc.

Errard de Bar-le-Duc vint ensuite, et c'est à lui que l'on doit la réfection totale de l'enceinte ébauchée par Lautrec. Il contrefonda les murs des courtines, en refit les parements qu'il talussa en glacis, et les surmonta d'un cordon séparant le glacis de la partie droite, ce qui rend parfaitement reconnaissables ces murs et les fait facilement distinguer de ceux de Vauban qui sont plus droits et couronnés d'une rangée de pierres posées à plat, formant saillie à l'extérieur.

Ce fut lui aussi qui construisit les bastions soudés à cette seconde enceinte et ceux qui défendaient les portes d'Espagne et de Mousseroles. Il ajouta même, extérieurement, à la première de ces portes, un *pied de mulet*, que l'on peut voir, en partie, dans le plan Duwiert, et qui devait être plus grand que celui qui défendit l'entrée du Château-Neuf, du côté de la ville.

La porte de Tarride, de Lachepaillet, ou des Evêques, qui existait déjà du temps des Romains, fut supprimée en 1526, sous François I qui avait fait démolir, en partie du moins, ce quartier jadis important. Errard de Luxembourg dut la rétablir, ou plutôt la remplacer par deux grandes poternes dont on voit encore les arcatures, bouchées probablement par Vauban, qui aveugla également les nombreuses petites portes et les plus nombreuses encore meurtrières que l'on voit, à un niveau très bas, dans les fossés tout autour de la première enceinte actuelle, qui est celle que nous attribuons à Errard.

Les autres enceintes et les bastions de Vauban ; sa citadelle construite sur l'emplacement de l'ancien fort Castelnau qui datait de 1636, et les additions au système de défense faits depuis par le génie, sont trop faciles à reconnaître et trop modernes, pour que nous ayons à nous en occuper. Aussi nous sommes-nous contentés d'en donner le tracé dans le plan que nous avons joint à notre déjà trop longue notice.

Nous en aurions fini avec les fortifications, si nous ne croyions pas devoir dire quelques mots de *monuments* très curieux et d'un genre tout spécial qui, pensons-nous, faisaient jusqu'à un certain point, partie du système, sinon de défense, du moins de préservation des habitants, des approvisionnements et des munitions de la place en cas de siège :

Il y a à Bayonne, mais seulement dans l'ancien oppidum gallo-romain, un certain nombre de caves immenses, véritables souterrains voûtés, construits avec un grand luxe architectural, dont certains ont, en longueur, en hauteur et en largeur, les dimensions d'un des bas-côtés de la Cathédrale. Elles sont, à l'exception d'une seule, qui est romane, du XIVe siècle comme les nefs de l'église voisine, et c'est ce qui a porté certains archéologues à penser qu'elles ont été construites par de riches négociants en vin qui ont profité, pour les bâtir, de la présence des architectes et des ouvriers occupés à la construction de la Cathédrale.

Nous ne partageons pas leur opinion et nous supposons plutôt que ces souterrains sont de véritables refuges, mis par leurs voûtes solides à l'abri des projectiles et dans lesquels se cachait, en cas d'attaque, la population avec tout ce qu'elle avait à préserver. On sait que, de tout temps, les Aquitains ont eu des refuges souterrains en dessous de leurs oppidums. Ceux de Bayonne, comme ceux de Dax et d'Orthez, ne sont pour nous que des *screonœ* perfectionnées. Il n'y avait pas, ni à Dax, ni à Orthez, de riches négociants au moyen-âge, susceptibles de se payer des caves aussi luxueuses, et il existait dans ces deux villes des refuges semblables aussi vastes et aussi bien voûtés, que ceux qui nous occupent et qui n'avaient avec eux que cette seule différence qu'ils paraissent être du XI⁹ ou du XII⁹ siècle et non pas du XIV⁹.

Notre manière de voir a été, de plus, confirmée par une constatation que nous avons faite : toutes les caves en question se terminent, à leurs extrémités opposées, par des galeries plus étroites et plus basses, de vrais couloirs aujourd'hui obstrués, qui semblent destinés à les mettre en commuuication entr'elles, et la dernière vers le nord, la plus ancienne, qui se trouve en dessous de la maison de notre excellent ami, M. A. Gillet, avoué, rue de la Monnaie, a son couloir terminal qui se dirige vers le Château-Vieux, en passant par dessous l'Hôtel de la 36⁹ Division militaire.

Il n'y a à Bayonne aucun monument civil ancien, ni même moderne, digne d'attirer l'attention des archéologues : l'*édifice communal*, aux dimensions colossales, dans lesquels sont réunis l'Hôtel-de-Ville, le théâtre et les bureaux de la Douane, ne date que de 1836. L'emplacement sur lequel il a été construit, ainsi que la place d'Armes et celle de la Liberté, étaient encore, à une date relativement récente, un véritable marais, comme on peut le voir dans le plan de 1612. Il y avait même, au point où se trouve le n° 2 de la rue des Arceaux du Port-Neuf, un moulin établi par la ville, après autorisation donnée par lettre d'Henri IV datée de 1600. Ce moulin, dont le bassin s'emplissait à marée haute, fonctionnait surtout à marée basse, ce qui prouve que le marais dont nous venons de parler était un véritable étang. Il communiquait évidemment avec le Port-Neuf et le port de Verger. Le premier était une sorte de canal remontant jusqu'au pied du coteau, entre les deux rangées d'arceaux de la rue qui porte encore son nom ; le second allait jusqu'au Château-Vieux, intra et extra muros. Il y avait aussi, et c'étaient les plus anciens, le port de Castets et celui de Suzée, sur les lieux occupés aujourd'hui par le marché couvert, et en remontant les deux rues qui leur doivent leur nom.

C'est dans ces deux ports, dont l'entrée était défendue par les tours et les chaînes qui fermaient la Nive à l'Est et à l'Ouest, que se réfugiaient et se tenaient ordinairement les pinasses et autres bateaux qui composaient la flotte commerciale et militaire en si grand renom, de Bayonne, depuis les temps les plus reculés.

Cependant, on croit que les galères romaines avaient leur point d'amarrage et de stationnement plus en aval, sur la rive droite de la Nive, à l'endroit où est aujourd'hui établi le bassin de pisciculture.

Jusqu'au commencement du XIVe siècle, les assemblées communales avaient lieu : *en séance tenue au bout de la rue de l'Evêché*, ENTRE LES DEUX MURS *près de la porte Lachepaillet* (ce qui semble indiquer qu'il y avait déjà sur ce point une seconde enceinte), *ou bien au cloître de la cathédrale*, SOUS L'ORME. Baylac, auquel nous empruntons ces deux extraits de délibérations anciennes, fait observer avec raison qu'il a été longtemps d'usage, dans les communes de France, de délibérer sous un orme planté sur la place de l'église.

Vers 1315 on construisit, à la place où se trouve actuellement le Palais-de-Justice, un premier Hôtel de Ville, démoli en 1820, dont la façade, ornée d'un écusson aux armes de la ville, était surmontée d'un beffroi sur la cloche duquel on lisait l'inscription suivante : REX. EDWARDUS I. — SANCTA. MARIA — JESUS NAZARENUS.

Le corps municipal de Bayonne, sous les rois d'Angleterre se composa d'un maire, de douze jurats, de douze échevins et de soixante-quinze conseillers. Le tout était généralement appelé *le maire et ses cent pairs*. La charge du maire était annuelle ; sa nomination avait lieu le premier samedi d'avril par l'assemblée générale de tous les citoyens ayant exercé les fonctions de jurats, échevins ou conseillers, qui désignait au sénéchal de Gascogne trois bourgeois, âgés au moins de 25 ans, nobles, négociants ou jurisconsultes, *n'exerçant aucun art mécanique*. Le sénéchal avait le choix sur ces trois candidats. Depuis 1380, les fonctions de maire devinrent incompatibles avec celles de prévôt royal.

Les jurats et les échevins étaient élus par tous ceux qui avaient eu semblables charges et il en était de même pour les conseillers.

Le maire avait des attributions administratives, judiciaires et militaires. Il commandait les milices (1) et assisté

----

(1) Ces attributions militaires du maire amenèrent souvent des conflits avec les gouverneurs nommés par les rois. Charles IX dut intervenir le 15 août 1565, et par une ordonnance datée de Cognac, il décida « *que le gouverneur fasse sa charge comme il* « *doit, et aye la surintendance et commandement, tant en ville de* « *Bayonne, le Château-Vieux et la tour St-Esprit, que les pays* « *environ dont il a eu accroissement de son commandement.* »

d'un clerc et d'un certain nombre d'assesseurs, il jugeait en première instance les causes des bourgeois et de leurs serviteurs, tant au civil qu'au criminel. Les appels furent primitivement portés devant la cour municipale de Dax, qui jugeait ceux de toute la Gascogne, et plus tard, devant le présidial de cette localité ou le parlement de Bordeaux, suivant la quotité du procès. Le prévôt royal avait dans sa juridiction tous les étrangers, hors le cas de simple délit. A partir de 1340, on alloua au maire de Bayonne un traitement fixe de cent royaux d'or.

Ces hautes fonctions furent souvent confiées à des gentilshommes de la région, surtout à ceux du pays des Lannes qui avaient obtenu des lettres de bourgeois de Bayonne et y possédaient pignon sur rue ; on pourra se convaincre de ce fait, qui se produisit aussi à Dax, en parcourant la liste ci-après des maires que nous trouvons, d'après Morel. (Bayonne, Vues Historiques et Descriptives. Bayonne, imprimerie Lamaignère, rue Bourg-neuf, 66, 1846).

Le droit appliqué par la cour municipale de Bayonne était l'ancien coutumier de 1273, qui se trouve aux archives, et la coutume de Labour, codifiée une dernière fois en 1514, ressemblant à toutes les coutumes locales de l'Aquitaine qui était, quoi qu'on en ait dit, un pays coutumier et n'avait recours au droit romain que dans les cas non prévus par les coutumes particulières de chaque juridiction ou par celle de Dax, qui était applicable dans toute la Gascogne, à défaut de coutume locale.

La liste des maires donnée par Morel est loin d'être complète, pour la durée de la domination anglaise, mais elle contient tous les noms qui se trouvent dans les œuvres de Compaigne, de Rymer, les registres de la ville et le

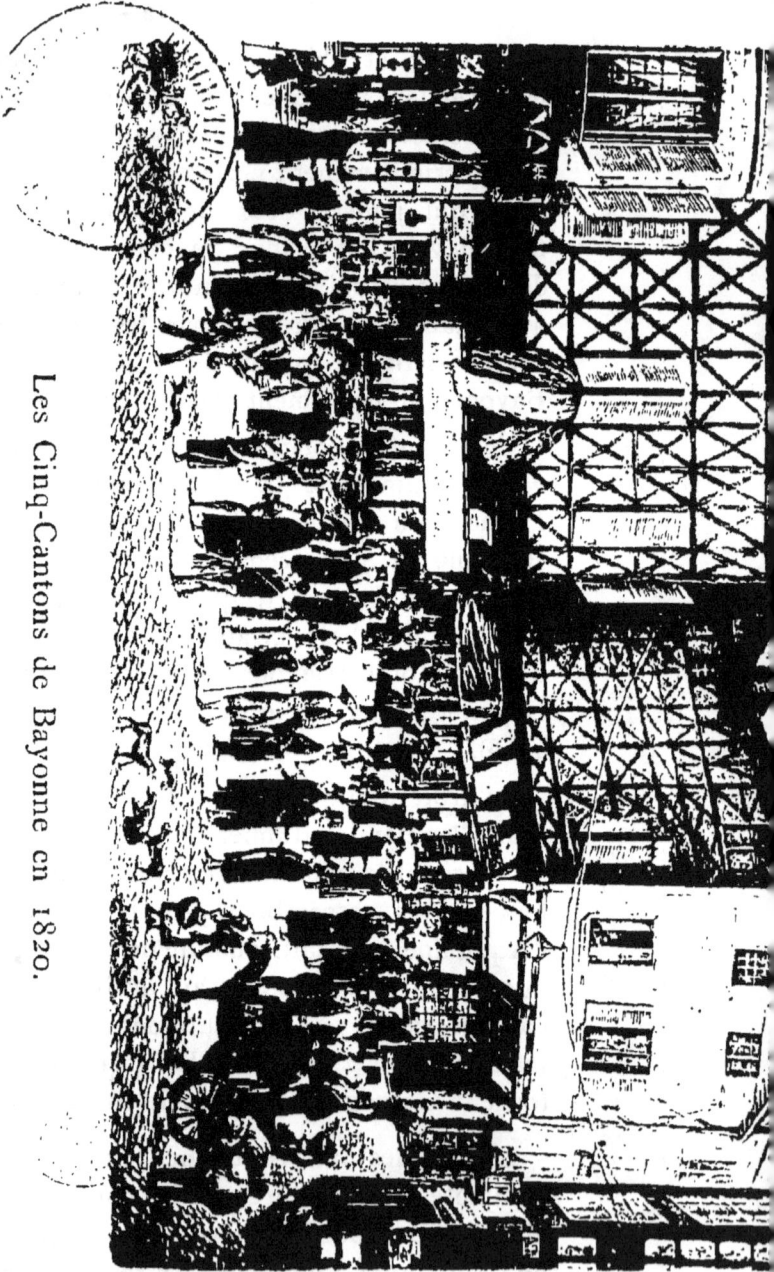

Les Cinq-Cantons de Bayonne en 1820.

catalogue des *Rôles Gascons*. Elle comprend les personnages ci-après, dont plusieurs ont eu une certaine notoriété :

Nicolas de Lahet, gentilhomme du Labourd, 1233 ;
Brunet, seigneur de St-Pée, du Labourd, 1255 ;
Bertrand de Podensac, 1255 ;
Pierre-Arnaud de Barat, 1282 ;
Pascal de Ville, 1296 ;
Pellegrin de Ville, 1297 ;
Raymond de Ville, 1298 ;
Pascal de Ville, 1299 ;
Pellegrin de Ville, 1303 ;
Raymond-Arnaud Dardie, des Lannes, 1306 ;
Jean de Ville, 1310 ;
Loup de Bourgoin, 1315 ;
Bernard de Ville, 1320 ;
Jean de Ville, 1322 ;
Jean Dardie, 1326 ;
Bernard de Ville, 1327 ;
Vital de Castet, 1334 ;
Barthélemy de Ville, 1335 ;
Pierre-Arnaud de Ville, 1336 ;
Saubat de Ville, 1337 ;
Arnaud Dardie, 1338 ;
Pellegrin Duïre, 1339 ;
Pierre de Puyanne (des Lannes), 1341 ;
Pierre de Ville, 1344 ;
Pierre Privat, 1352 ;
Perremon du Luc, 1359 ;
Saubat de Mente, 1365 ;
Vital de St-Jean, 1366 ;
Antoine de Belzunce (Basse Navarre), 1372 ;
Saubat de Mente, 1375 ;
Jean de Severac (du Rouergue), 1378 ;

Jacques de Lesbay, 1379 ;
Sans d'Arribeyre, 1380 ;
Pierre de Béhombe, 1381 ;
Pierre de Ville, 1382 ;
Barthélemy de Ripéria, 1383 ;
Jean de Lesbay, 1384 ;
Boniface de Laduch, 1387 ;
Barthélemy de Lesbay, 1388 ;
Vital de St-Jean, 1392 ;
Michel de Goalard (des Lannes), 1403 ;
Bernard d'Arribeyre, 1404 ;
Pierre d'Arribeyre, 1407 ;
Le seigneur de Castelnau (gentilhomme des Lannes), 1408 ;
Barthélemy de Lesbay, 1415 ;
Jean de Lesbay, 1419 ;
Pierre d'Arribeyre, 1420 ;
Vital St-Jean, 1422 ;
Thomas Dorton, 1434 ;
Guilhem-Arnaud de Ville, 1436 ;
Saubat de Mente, 1439 ;
Pierre Chetwind, 1441 ;
Robert Clyfton, 1445 ;
Astley, 1446 ;
Georges Salviton, 1449.

Sous la domination française, Bayonne perdit le droit d'élire ses maires. Voici les noms de quelques-uns de ces magistrats choisis par le roi dans la dernière moitié du XVᵉ siècle (1) :

(1) Louis XI réduisit, de plus, le nombre des échevins et des jurats à dix et celui des conseillers à vingt-quatre, tout en maintenant les franchises et privilèges de la ville et même en diminuant ses charges.

Jean le Boursier, général, 1451 ;

Estevenot de la Lauresse, écuyer, 1464 ;

Jean, comte de Villars, 1469 ;

Guillaume de Soubs-Plamville, ou Sous-Lainville, 1469 ;

Etienne de Malençon, conseiller et chambellan, 1487 ;

Roger, seigneur de Grammont, Aubiet, Algarby et autres lieux, souverain de Bidache, grand sénéchal de Guienne.

On ne connaît que deux maires héréditaires jusqu'au rachat de la charge, en 1633 ; pendant cette époque, ils avaient le droit de s'adjoindre un lieutenant de maire ;

Antoine II de Grammont, Toulongeon, comte de Guiche et de Louvigny, seigneur de Lescun ; Andoins, vicomte d'Aster, souverain de Bidache, gouverneur et lieutenant général au royaume de Navarre et pays souverain du Béarn, etc. ;

Antoine III, duc de Grammont, etc., maréchal de France.

De 1633 à l'édit de 1692, les fonctions de maire furent exercées par les premiers échevins ci-après :

Duvergier de Joanès, 1633 à 1636 ;

Laurent d'Olives, 1636 à 1638 ;

André de Lalande, conseiller du roi, maître de ports, 1638 à 1640 ;

Pierre Duverdier, avocat, 1640 à 1642 ;

Jean de Niert, avocat, 1642 à 1644 ;

Pierre de Lalande de la Palue, 1644 à 1645 ;

Pierre Duvergier de Hauranne, 1645 à 1647 ;

Pierre de Ségure, 1647 à 1649 ;

Antoine-David de Naguille, 1649 à 1651 ;

Denis Dacarrette, 1651 à 1653 ;

Jean Daymar, 1653 à 1655 ;

Jacques de Lalande, conseiller du roi et son procureur au sénéchal de Bayonne, 1655 à 1657 ;

Jean Naguille, avocat, 1657 à 1659 ;
Laurent d'Olives, 1659 à 1661 ;
Michel Duverdier de Joanès, 1661 à 1663 ;
Duvergier, seigneur de Belay, 1663 à 1665 ;
de Lalande Gayon, 1665 à 1667 ;
de Sorhainde, anciennement Sorhaindo, 1667 à 1669 ;
de Lalande, 1669 à 1671 ;
de Lalande, baron de Hinx, 1671 à 1673 ;
de Romatet, 1673 à 1675 ;
de Lalande du Luc, 1675 à 1677 ;
de Bruix, 1677 à 1679 ;
Wescomb, 1679 à 1681 ;
de Rol, 1681 à 1683 ;
de Lalande, 1683 à 1685 ;
de Larrezet, 1685 à 1687 ;
de Laborde l'aîné, 1687 à 1689 ;
d'Harriet, 1689 à 1691 ;
Duvergier de Belay, 1691 à 1693.

Un édit de 1692 rétablit l'office de maire, moyennant finance, en faveur de M. Vinatier et après lui, de MM. Lalande et Dussault.

Puis les élections devinrent biennales ; cependant quelques maires furent maintenus plus de deux ans par l'autorité royale. Les maires biennaux élus furent :

Mathieu de Bruix, 1724 à 1726 ;
Moracin, 1726 à 1728 ;
de Poheyt, 1728 à 1730 ;
Léon Dubrocq, 1730 à 1732 ;
Pierre de Commarrieu, 1732 à 1736 ;
Desbiey, 1736 à 1737 ;
de Rol Montpellier, écuyer, 1737 à 1740 ;
Joseph Dulivier, 1740 à 1744 ;

Léon de Bréthous, 1744 à 1749 ;
Joseph Dantès, 1749 à 1750 ;
de Béhic, 1750 à 1752 ,
Casaubon, 1752 à 1754 ;
Picot, écuyer, 1754 à 1756 ;
Bréthous, 1756 à 1758 ;
Desbiey, 1758 à 1760 ;
Dubrocq, 1760 à 1762 ;
de Rol Montpellier, 1762 à 1764 ;
Antoine Bréthous, 1764 à 1766 ;
Pastoureau, 1766 à 1768 ;
Sorhainde, 1768 à 1770 ;
Castera, 1770 à 1772 ;
Larue, 1772 à 1774 ;
Noguès, 1774 à 1776 ;
Laserre, 1776 à 1778 ;
Monho, 1778 à 1780 ;
Dubrocq, 1780 à 1782 ;
Lalanne, 1782 à 1784 ;
Verdier, 1784 à 1788 ;
Poydenot, 1788 à 1790.

En 1790, et pendant la période révolutionnaire, la ville fut administrée par une municipalité dont les membres prenaient le titre *d'administrateurs de la commune*. M. Sauvinet jeune en fut le président, puis vinrent :

Lacroix-Ravignan, an VIII ;
Laborde-Noguez, an XI ;
J. Chrysostôme Detchegaray, 1806 ;
Martin-Charles Chégaray, 1815 ;
Arnaud Fourcade, juillet 1815 ;
Léon Batbedat, adjoint provisoire faisant fonctions de maire, 1817 ;

Jean-Joseph Dabbadie, aussi adjoint faisant fonctions de
maire, 1818 ;

Alexandre Betbeder, maire, décembre 1818 ;

Antoine-Robert Dhiriart, premier adjoint faisant fonctions
de maire, 1823 ;

Le même, nommé maire, 21 avril 1824 ;

Jean-Joseph Daleman, premier adjoint faisant fonctions de
maire, 1830 ;

Bernard Lanne, 27 août 1830 ;

Eugène Basterrèche, 1832 ;

François Balasque, 1833 ; etc., etc.

Les autres maires sont encore trop rapprochés de nous
pour appartenir à l'histoire.

Le prévôt royal prit le titre de lieutenant du sénéchal,
vers 1552, lorsqu'un présidial fut établi à Dax, et son
tribunal celui de cour sénéchale. Il est cependant dans
certains textes appelé aussi grand bailliage.

Il y avait, il est vrai, au XII⁰ siècle un bayle seigneurial
du Labourd qui appliquait, comme loi, la *Charte dite des
malfaiteurs* et la coutume ancienne, mais n'avait juridiction
qu'en dehors de la ville. (Voir l'Histoire de Balasque, T. I,
p. 254.)

« Le sénéchal de Bayonne », (dit M. Lespès de
Hurcaux, cité par Baylac), « tient le premier rang dans
« l'administration de la justice et *fait partie de la
« sénéchaussée des Lannes*, qui comprend les trois sièges,
« de Saint-Sever, Dax et Bayonne. Dans les cérémonies
« publiques, le lieutenant du roi fait corps avec les officiers
« du sénéchal, en sorte qu'il a la droite, et le lieutenant
« général la gauche ; il ressort au présidial de Dax, pour
« les cas et matières de l'édit des présidiaux, au parlement
« de Bordeaux, pour les autres. Ce sénéchal a pour tout

« ressort la ville et le pays de Labourd », *l'ancien pagus lapurdensis*.

En 1661, la cour municipale avait encore sa juridiction ancienne, car nous trouvons que le 17 septembre de cette année le parlement de Bordeaux homologua un concordat par lequel il fut reconnu que la prévention, pour les crimes ordinaires, appartenait toujours au *corps de ville*. Il attribuait aux officiers du Roi « les crimes de lèse-majesté « d'état ; les causes où étaient parties les prêtres et les « gentilhommes, les hommes d'armes et mortes-payes des « châteaux vieux et neufs ; les cas royaux, tels que ceux « d'infraction, sauvegarde, crime de fausse monnaie, port « d'armes et assemblées illicites, pourvu que ces assemblées « excédassent le nombre de douze membres ; des crimes de « rapt et de rebellion. Et à l'égard des cas prévotaux ou « privilégiés, qui peuvent être jugés, au nombre de sept « définitivement, violateurs de femmes ou filles, sacrilège « avec fractures, guéteurs de chemins, voleurs ou larrons « publics, gens sans aveux, bannis et essorillés, *la « connaissance en appartiendra aux dits échevins et jurats, « quand un bourgeois ou habitant sera défendeur et accusé, « pour le juger à l'ordinaire ; et quand l'étranger non « habitant sera défendeur, et accusé par un bourgeois ou « par un habitant et étranger, la connaissance en « appartiendra aux dits officiers pour en juger, au nombre « de sept, suivant l'ordonnance.* »

La cour sénéchale était composée d'un lieutenant général, civil et criminel, d'un lieutenant particulier, d'un procureur et d'un avocat du roi.

Les Lespès de Hureaux ont eu la charge de lieutenant général dans leur famille pendant près de quatre cents ans.

A partir de 1566, Bayonne eut, comme toutes les villes à siège royal, un tribunal consulaire, ayant à peu près les mêmes attributions que nos tribunaux de commerce, et composé d'un juge président et de quatre assesseurs appelés consuls. Les appels pour les causes au-dessus de cinq cents francs allaient directement au Parlement.

Vers la même époque on établit aussi à Bayonne des juges et des officiers de l'Amirauté, dont la juridiction s'étendait sur tout le littoral, depuis le cap Figuier jusqu'à Arcachon et, en remontant l'Adour, jusqu'à Saubusse. Ces officiers étaient au nombre de trois : un lieutenant général, un lieutenant particulier et un procureur du roi. Leurs attributions avaient pour objet tout ce qui concerne la marine, la navigation et la construction des navires, etc.

Malgré un incendie qui en a détruit, malheureusement une partie, il y a quelques années, les archives de Bayonne sont des plus riches qu'il y ait en France. Le catalogue en a été imprimé et les érudits paléographes, que la municipalité a eu la bonne idée de charger de les étudier, en ont déjà extrait des documents de la plus haute importance, notamment le *Livre des Etablissements*, de 1336, édité avec un goût et un luxe qui font grand honneur aux instigateurs et aux auteurs de cette précieuse publication.

Ces archives et les Musées, installés provisoirement au second étage de l'école de la rue Lafitte, le seront bientôt dans un magnifique monument spécial, aujourd'hui en construction dans la même rue. La ville de Bayonne fait, on le voit, bien les choses et ne néglige rien pour encourager ceux qui s'y occcupent, et ils y sont nombreux, de sciences, d'arts, d'histoire et de littérature, car au Musée est annexée une bibliothèque qui s'enrichit tous les jours et ne tardera pas à devenir une des plus complètes de la région.

Les monuments religieux étaient autrefois en grand

nombre dans l'ancienne ville épiscopale du Labourd. Il n'en reste debout, dans l'intérieur des remparts, qu'un seul, mais il est bien digne d'attirer et de retenir longtemps l'attention des archéologues. Ils pourront y étudier tout l'art gothique, dont les trois époques y sont largement représentées et, après de nombreuses visites nécessaires pour faire avec fruit cette étude, ils seront étonnés de tout ce qu'ils auront trouvé d'intéressant dans cette cathédrale qui est, sans contredit, la plus belle, de son style, qu'il y ait au Sud de la Loire. Celle de Dax lui était comparable, mais on n'en a malheureusement conservé que le portail du XIIIᵉ siècle qu'on place actuellement, comme un précieux souvenir du passé, dans l'intérieur du transept nord de l'église du XVIIᵉ siècle.

Il y avait, à Bayonne, comme à Dax, une église romane, construite sur le même emplacement que la cathédrale. Elle existait, nous l'avons vu, au XIᵉ siècle, et était sous le vocable de sainte Marie. Peut-être même cette église avait-elle aussi remplacé une basilique mérovingienne, bâtie elle-même sur un temple romain, comme cela se voit souvent ailleurs ? On sait que saint Léon brûla celui dédié à Mars qui devait se trouver dans l'intérieur de l'ancien oppidum. Ce qui est certain, c'est que nous avons trouvé à la base des vieux contreforts, appuyés sur le clocher Sud, des murs de grand appareil, aux pierres layées en travers, avec des marques de tâcheron (des cœurs et des croix, etc.) semblables à celles qu'on voit sur les parements du XIᵉ siècle. Plusieurs de ces pierres ont été utilisées par les constructeurs du XIIIᵉ.

La cathédrale romane aurait été, croit-on, construite par Raymond le Jeune, à son retour du concile de Latran, qui eut lieu, on le sait, en 1059. Ou plutôt, cet évêque n'aurait fait que relever une première église en ruines, d'après Balasques, depuis plus de deux siècles. Nous étions donc fondés à supposer, comme nous l'avons fait, qu'il y avait eu, tout d'abord, à la même place, une basilique mérovingienne.

Cette église de Raymond le Jeune devait être relativement petite. Elle fut remplacée, près d'un siècle après, par une nouvelle cathédrale dont les fondements furent solennellement jetés en 1141, le même jour que ceux du moulin de la Mufale, ou de Balichon, et du pont de la grande mer, ou du Saint-Esprit. Chaque habitant du Labourd s'engagea à donner une certaine somme, la veille de la Nativité de la Sainte Vierge, pour subvenir aux frais de construction de cette nouvelle église, construction qui dura pendant quatre siècles ; bien plus, qui n'a été terminée que de nos jours, mais qui forme aujourd'hui un tout complet.

Les vestiges de la fin du XIIe siècle sont d'autant plus difficiles à reconnaître que la partie alors construite fut détruite par un incendie et que les travaux ne furent repris que vers 1213.

On édifia, tout d'abord, le chœur, son abside, ses chapelles, ainsi que les murs inférieurs des deux transepts avec leurs porches et le magnifique portail qui se voit dans la sacristie.

La base du clocher Sud, la nef, les bas-côtés, les chapelles du collatéral Nord, les voûtes du chœur et des transepts, en dessus du triforium, sont du XIVe siècle. Celles des transepts furent construites en 1336, par le cardinal Gaudin. La dernière partie de la voûte de la nef ne fut achevée qu'au XVe siècle. Le clocher, car il n'y en avait qu'un jusqu'à nos jours, fut continué en 1500, 1515 et 1554. Le campanille qui le couvrait jusqu'à la construction de la flèche était de 1605.

Le cloître fut commencé en 1213 et terminé au XIV⁰ siècle, dans son ensemble. Il était magnifique et il est dommage qu'on ne l'ait pas simplement restauré et surtout qu'on en ait transformé tout un côté en une chapelle latérale parfaitement inutile et une sacristie qu'on aurait pu fort bien placer ailleurs. Pourquoi faut-il encore qu'on ait dénaturé et mutilé ce qui reste des trois autres côtés, en les badigeonnant de fresques grossières et en y installant des autels de mauvais goût pour en faire des chapelles dont la nécessité était loin de se faire sentir ? L'intérieur de l'église est bien assez vaste et on pourrait se dispenser d'envahir ainsi un monument qu'on devrait pieusement conserver et rendre à son ancienne destination. Il ferait encore l'admiration des nombreux touristes qui viendraient le visiter.

Signalons à l'extérieur de ce cloître, dans le mur à l'ouest, une sorte de niche, dont l'encadrement affecte une forme bizarre et dont l'un des côtés est allongé comme l'hypoténuse d'un triangle rectangle. Cette niche, qu'on prendrait de loin pour une baie murée, contenait jadis la statue du Christ succombant sous le poids de sa croix. On voit souvent, en Espagne, dans les églises et dans des monuments gothiques des niches semblables ayant leur statue.

Le portail du transept Sud est la seule partie de la cathédrale dont les sculptures sont bien conservées. Comme à celui de Dax, on y voit des statues d'apôtres et sur le tympan, divisé en deux panneaux : à gauche, la Vierge assise sur un trône et tenant l'enfant Jésus entouré d'anges musiciens ; à droite, le Christ montrant ses plaies et entouré aussi d'anges portant les instruments de la Passion ; au sommet et à la base sont les quatre animaux symboliques et sur les arcatures du tympan, à gauche, la représentation de la Résurrection.

Celui du transept Nord était pour sûr plus richement orné, mais les vandales de la Révolution en ont brisé les statues et les bas-reliefs à coups de marteau.

Ce portail est placé sous une sorte de dais ou de pavillon, soutenu par de belles arcatures dont les pilastres sont percés de niches élégantes, aujourd'hui vides.

A la porte de ce transept, chef-d'œuvre de menuiserie ancienne, se voit un vieux heurtoir en bronze qu'ont admiré les antiquaires du Congrès archéologique de 1888. Il porte des léopards pareils à ceux des monnaies anglaises du XIII° siècle.

Il y en a un à peu près semblable à Bourges. M. Steinkel fils s'est demandé si ces prétendus heurtoirs n'étaient pas des anneaux d'Asile ?

Le grand portail, sous porche, qui s'ouvre à l'extrémité de la grande nef, en face de l'évêché, est du XIV° siècle et le porche qui lui sert d'abri du XV° seulement. L'un et l'autre devraient être restaurés avec soin, et il nous semble que leur restauration serait bien plus urgente que celle des autres parties de l'église auxquelles on travaille depuis bien longtemps. La porte principale d'une cathédrale est la première chose que l'on voit en y entrant, et, à Bayonne, l'état de délabrement dans lequel est cette porte d'honneur impressionne, il faut le dire, bien péniblement les visiteurs.

Signalons, encore, les beaux vitraux de la nef, de l'abside et des chapelles, et surtout celui, daté de 1571, qui se trouve dans la chapelle de saint Jérôme. On dit qu'il a été donné par les enfants de François Ier, qui y seraient représentés. M. Bernadou croit plutôt que les personnages qui y figurent sont un bourgeois du temps et sa femme, affirmant qu'ils seront toujours bons catholiques et non pas protestants ainsi qu'en témoignerait l'inscription *nunc et semper* (1).

Enfin, appelons l'attention des spécialistes sur la belle fresque du XVI⁰ siècle, malheureusement en bien mauvais état, qui se voit à la chapelle des fonts-baptismaux. Il serait temps encore de la réparer, mais il ne faudrait pas trop attendre. Elle représente le Christ en croix entouré, à droite, de la Sainte Vierge et de saint Michel, à gauche, de saint Jean et de sainte Catherine ; au bas sont les âmes du purgatoire.

L'église du Saint-Esprit, (extra muros), est de la fin du XV⁰ siècle. On y remarque un grand nombre de pierres tombales, mais ce qui attire principalement l'attention des archéologues, c'est *la fuite en Egypte*, sculpture en bois, aussi du XV⁰ siècle, qu'on y voit dans la chapelle dédiée à saint Bernard. Cette dédicace s'explique peut-être par ce fait que les sculptures qui sont l'ornement de cette chapelle viennent de l'ancienne abbaye de Saint-Bernard. On croit que, primitivement, elles appartenaient à la chapelle des Jacobins.

L'église actuelle de St-André fut construite en 1849 par MM. Durand et Guichenné, dans le style du XIII⁰ siècle. Elle ferait grand honneur à ces deux savants architectes si la solidité ne laissait par trop à désirer. Elle menace ruine et il serait croyons-nous prudent, non pas de la réparer, mais de la démolir en entier et de la construire à nouveau, peut-être même ailleurs que sur le terrain tourbeux sur lequel elle est bâtie. Pourquoi ne profiterait-on pas de cette occasion pour supprimer la paroisse St-André qui pourrait, sans inconvénient, être annexée à celle de

---

(1) Le Congrès de Dax. — Bayonne — Impressions et souvenirs — Charles Bernadou. — Bayonne, imprimerie Lamaignère, 1888.

Ste-Marie, et pour rétablir l'ancienne paroisse St-Léon, dans un quartier qui tend à acquérir, à nouveau, son ancienne importance ? Si nous avions l'honneur d'être Bayonnais, nous oserions émettre cet avis.

Il y avait, jusqu'en 1523, une église et une paroisse des plus florissantes dans ce faubourg, dont la population égalait celle de la ville. Les matériaux provenant de sa démolition servirent à édifier l'église d'Anglet.

Cette église de St-Léon fut remplacée par une chapelle, construite, en 1580, à l'angle formé par l'embranchement de la route de Cambo sur celle d'Espagne et de Biarritz, et cette chapelle céda, cent ans après, sa place à une croix qui se voit aujourd'hui sur ce point.

Il y a encore, à Bayonne, un autre monument, peu connu, consacré à la mémoire du premier évêque. C'est une fontaine qui sourd à côté de l'endroit où le saint patron de la cité a subi le martyre. Elle est recouverte d'une lourde voûte qui, de loin, la fait ressembler à un four (voir la planche) ; mais elle est néanmoins bien intéressante, ne fût-ce qu'à cause des deux inscriptions qu'on y voit, l'une sur une plaque de pierre noire, en dessus de la corniche, l'autre sur du marbre.

La première est ainsi conçue :

GVILHEM. DE. GARAT. GRACIA.... HIRIGOYEN. ET. GVYLHEN. DE. LES COVRETE. ESTOINT. PATRON. ET. CLAVIERS DE. LA. FRERIE. DE. M^R. S^T. LEON. LE. PN. EDIFIEE. A. ESTE. CONSTRVIT. +.

On croit généralement que cette construction date de 1644.

Sur la plaque de marbre on lit :

BEATI. LEONIS. MARTYRIS. CHRISTI. BAIONŒ. PAS..

ONI. EXEQUIŒ. VENTUR

Œ. POSTERITATI. HIC. BEATUS. LEO.

POTOMACQ... SIS. EPISCOPUS. DIROS

CANTABRI. MVCRONE. ET. PEDE. PERCUSSUS

IMM.... VS. ORANS. STETIT

HIC. COMPREHENSO. MANIBVS. SVIS. CAPITE.

A. CORPORE. RECENS. AVULSO

PACTUS. QVASI. INTER. MORTVOS. LIBER. STADIVM.

VNVM. FIRMIS. PEDI

BVS. EXECIT. EFFUSOQVE. S. VENIS PROPTER.

CHRISTI. FIDEM. IN. TER'

RAM. SANGUINE. MIRIS. ILLICO. CELESTIVM

AQVARVM. FONTIBUS. BAI

ONŒ. INFIDELIS. CRIMINA. DILVIT. IN. QUA.

STABITA. CHRISTIANŒ. FIDEI. IN.

ŒTERNVM. DOCTRINA. HIS. SURRA. MILLE

CLARIS. MIRACVLIS. ET. MARTY

RII. PALMA. INSIGNIS. CVM. FRATRÉ. SVO

GERVASIO. IN. DOMINO. OBDORM

IVIT. ANNO. SALVTIS. NOSTRŒ. CIRCITER.

OCTINGUSTISSIMO. QYAD.

RAGESSIMO. QVARTO. JOANIS. FEUGARIUS.

BAIONŒ.

MEDICUS APPOSVIT. ANNO SA....

M.D.XLIX. (844). Cette dernière date a été ajoutée par le Médicus de 1649.

Il y avait aussi, au moyen-âge, deux hôpitaux dans le quartier St-Léon. L'un dédié à saint Nicolas, l'autre à sainte Quitterie. Celui de saint Nicolas fut transféré, en 1663, à la maison Agourette, située au bout du pont Marengo, sur la rive droite de la Nive, entre la rue Marsan et la rue Marengo. C'est aujourd'hui l'entrepôt de la douane. On y voit encore de jolies ouvertures ornées de sculpture de la Renaissance, et même celle qui servait au tour, dans lequel on déposait les enfants abandonnés.

Le faubourg St-Léon portait aussi le nom de quartier des tanneries. Ce nom indique nécessairement qu'il y avait plusieurs tanneries.

Presque aussi important que St-Léon, le faubourg Lachepaillet, ou de Tarride, remplacé aujourd'hui par les Allées Marines et la Ville en Bois, subit le même sort que lui et fut également brûlé et démoli au XVIe siècle. Il reprend comme lui son importance et, avant longtemps, la population extra-muros sera, à Bayonne, comme avant 1523, tout aussi importante que celle habitant dans l'intérieur de la ville, que, comme partout ailleurs, on a une grande tendance à déserter.

Il y avait, autrefois, à Bayonne, comme à Dax, à Mont de-Marsan et dans les autres localités importantes de la région, de nombreux couvents.

Nous avons déjà parlé, à propos du Réduit et du Château-Neuf, de ceux des Frères Prêcheurs, des Cordeliers et des Clarisses, que l'on voit sur le plan de Duwiert de 1612.

Les Dominicains, ou Frères Prêcheurs, appelés aussi Jacobins, eurent leur premier établissement, à côté du Réduit, sur la place bourgeoise ; de là ils se transportèrent sur l'emplacement actuel de l'hôpital militaire. Ce furent ces religieux qui construisirent, en 1335, avec des ressources provenant de la générosité du cardinal Gaudin, l'ancienne chapelle de St-André, transformée aujourd'hui en église paroissiale, et qui fut cédée aux Capucins en 1615.

L'église actuelle est, au moins en partie, construite sur l'emplacement où était, depuis 1594, un ancien collège et dont Jansennius fut un moment le principal.

Les Clarisses ont occupé, successivement, quatre points différents de la ville : leur couvent était primitivement en dehors de la porte de Mousserole, dans le bas de la corderie Lacoin ; elles s'installèrent, à côté du Château-Neuf, après les démolitions de 1523 et, vers 1681, après que leur second couvent eût été démoli par Vauban, au quartier de Lachepaillet, dans la maison de l'avocat Duvergier de Joannés ; enfin en 1688, elles construisirent leur dernier établissement, qui sert actuellement de magasin militaire, à l'angle des rues Montaut et Saboterie, presque en face de l'ancien tribunal dans lequel étaient les Dames de la Foi.

Les Cordeliers étaient sur la rive droite de la Nive à l'arsenal militaire.

Les Augustins eurent leur couvent à St-Léon, jusqu'en 1523 ; ils se construisirent ensuite les bâtiments occupés de nos jours par le pensionnat St-Louis de Gonzague.

Celui des Bénédictins était situé au port de Verger et celui des Carmes était fortifié ; ce dernier fut pris, en 1451, par Bernard de Béarn. Il était placé sur la capitale de la contre-garde du Château-Vieux, où sont aujourd'hui les Glacis Il fut abandonné en 1510 ou 1512 et ce fut alors que ces religieux se transportèrent dans la rue qui porte leur nom.

Les dames de la Visitation s'établirent, à Bayonne, en 1640 et les Ursulines, à St-Esprit, en 1622.

Il y avait, aussi, à St-Esprit un prieuré de l'Ordre du St-Esprit, de là le nom donné à ce faubourg ; ce prieuré avait été fondé, en 1220, par trois bourgeois de Dax, et un hôpital des chevaliers de l'ordre de St Jean de Jérusalem, mentionné au Livre d'Or, à la date de 1188. Ce dernier était situé entre la gare et l'Adour.

Enfin, aux portes de Bayonne, à côté du chemin de fer, à droite, à peu près à moitié distance en allant du Boucau à Bayonne, on peut voir quelques bâtiments, conservant encore un certain cachet d'antiquité dans lesquels était établie une abbaye de Cistersiennes ou Bernardines. On trouve dans le Gallia Christiana la liste suivante des abbesses qui l'administrèrent et parmi lesquelles on remarquera les noms des plus anciennes familles du pays : Marie I de Molier, 1268. — Jeanne I de Bazas, 1286-1289. — Claremonte de Poyanne, 1309-1324 — Agnès de Lipasse, 1334. — Jeanne II de Hinx, 1337-1344. — Lorelilia de Sarrelongue, 1345. — Jeanne III de Barrodequi. — Jeanne IV de Marcader, 1359. — Claramonte II de Grailhart, 1367. — Jeanne V de Marcader, 1384. — Claremonte III de Grailhart, 1388. — Jeanne VI de Bazas, 1389. — Claremonte IV de Grailhart, 1400. — Jeanne VII de Castres, 1405-1483. — Jeanne VIII d'Arsius, 1445. — Bernarde de Sarraberio, 1458. — Marie II de Marroy, 1460. — Catherine de Barrère, 1491. — Marie III de Ricau, 1501. — Marie IV de Favars (Habas), 1510. — Marie V de Habans, 1514. — Marie VI Fabas, 1526. — Marie VII de Salenane, 1559 — Marie VIII de Mosquossoguaines, 1568. — Marie IX de Vidassoy, 1641. — Carola de Grammond. — Marie X de La Vie, 1689. — Magdeleine Dorothée d'Espinoy, 1690.

En terminant cette trop longue étude et pour reposer un peu l'esprit de ceux qui auront eu le courage de la lire jusqu'au bout, nous croyons bon de donner un spécimen de la musique et de la poésie locales, en idiôme gascon bayonnais. Il offrira, nous l'espérons, quelque intérêt aux amateurs d'anciennes mélodies, ainsi qu'aux linguistes et aux littérateurs, de plus en plus nombreux, qui s'occupent des langues dites romanes et des patois du Midi.

C'est une chanson restée populaire dans tout le
Sud-Ouest, le *Chant des Tilloliers*, qu'on attribue à un
poète du crû, nommé Luca, de la fin du siècle dernier, et
qui n'a fait, croyons-nous, qu'adapter des paroles nouvelles
à un air, certainement plus ancien.

LOUS TILLOULÉS
Cante ancienne

Abets-bous bis lous tilloulés
Couan soun brabes, hardits, laouyés,) *Bis en chœur*
   Hesen le premenade
   Capsus Peyrehourade,
   En tiran l'abiroun (*Bis en*
   Tout dret aoud'ou patroun (*chœur*

Quén soun estat daban Pellic,
Moussu lou coumte qu'ous a dit :
   « Un couple de pistoles,
   « Mes enfants, seront bonnes
   « Pour boire à ma santé ;
   « Vive le Tillolié ! »

Moussu Verdié qu'eb saludam
Dap lou nos berret à le man ;
   Escusats le hardiesse
   D'ibe brabe youenesse
   Qui bin per'ts embita
   A le bede saouta.

Binets, Madame, si bous plats,
Aci qu'ém d'aounestes gouyats ;
   Ne cregnits le galérne,
   Ni lou bin de citérne,
   Dab nous qu'am Pouyalé,
   Lou brabe Tilloulé.

Per premena lou téms qu'es bét,
Embarcats-bous aou nos bachét ;
  Le noste goubernante (1)
  Qu'es fort broye é charmante ;
  Per esta de Paris
  Que semble dou péis.

En arriban aou Poun Mayou,
Quartier de Bayoune le flou,
  Dou haout de le tillole
  Qu'an heit le cabriole ;
  Dou Poun de Panecaou
  Qu'an héit lou sibresaout !

Puch en reprenen l'abiroun
Que s'en bat dret a Sént Léoun,
  Ensegna le youenesse
  A bagna d'ap hardiesse
  Per aprene com caou
  A ha lou sibresaout.

Les tilloulés étaient les rameurs des tilloles, bateaux très anciéns, aujourd'hui disparus, dont la forme, ressemblant à celle des sabots de la Chalosse et du pays basque, rappelle celle des pirogues préhistoriques et, comme elles, est disposé de façon à pouvoir naviguer dans les courants, souvent torrentiels, de la Nive et des autres cours d'eau du pays. Le dessin ci-après donnera une idée de ce qu'était ce curieux bateau d'origine, très probablement, celtibérienne.

J.-E. D., G. C.

---

(1) La femme du gouverneur de Bayonne, la duchesse de Grammont, sous l'ancien régime.

Phototypie Rostaing-Biéchy, Dax

CATHÉDRALE DE BAYONNE et CLOITRES.

FONTAINE DE St-LÉON.

Phototipie Rostaing-Biéchy, Dax

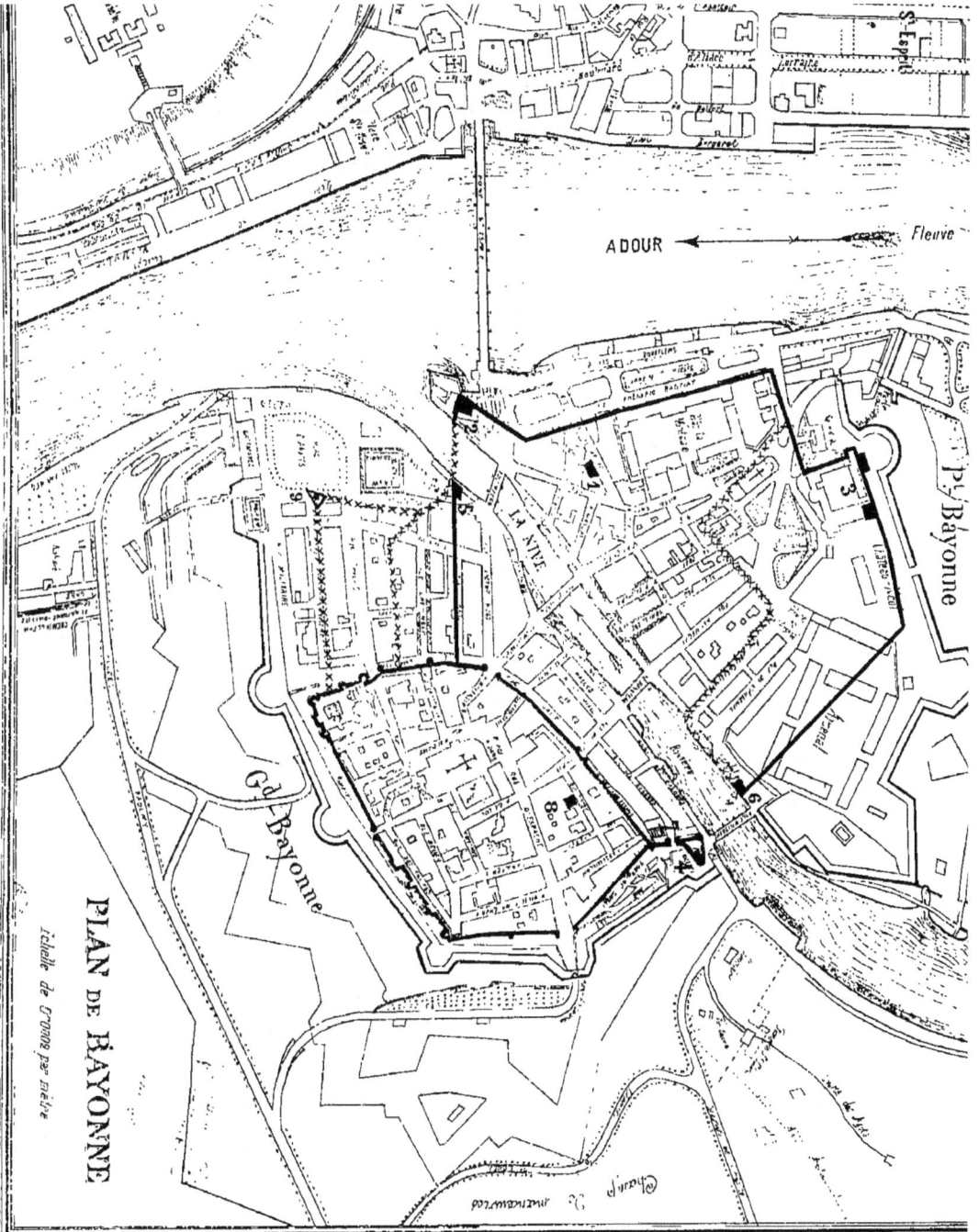

PLAN DE BAYONNE

échelle de 1:5000 par mètre

Imp. Lamaignère Bayonne

ADOUR ← Fleuve

LA NIVE

Gd Bayonne

Pt Bayonne

LES CATHÉDRALES

DE DAX

—

LE PORTAIL GOTHIQUE DE NOTRE-DAME

————

UJOURD'HUI que les importantes réparations, qu'on a faites, depuis quelques années, à notre cathédrale, sont terminées, nous croyons que le moment est venu de réunir tous les documents, relatifs à ce monument, et à ceux qui l'ont précédé, qui se trouvent épars dans les diverses publications de la Société et des Congrès tenus à Dax en 1882 et 1888 ; d'y ajouter tous ceux fournis par les archives et par les auteurs anciens ou modernes ; et d'étudier les restes du passé récemment découverts de façon à faire pour nos églises dacquoises une Notice Historique et Archéologique aussi complète que possible.

Comme dans presque toutes les anciennes cités, le premier édifice consacré au culte catholique, le premier siège épiscopal, lorsque les évêchés furent définitivement

T. III

constitués, fut établi à Dax à proximité du tombeau du saint apôtre, martyr qui avait évangélisé la Novempopulanie. Comme dans beaucoup d'autres villes, il fut bâti sur l'emplacement, ou plutôt tout à côté, d'un temple païen, et on utilisa pour sa construction les matériaux provenant de la démolition de ce temple, consacré, d'après Dompnier, à la déesse Lucine, et dans lequel, suivant la tradition, saint Vincent de Xaintes avait été conduit par ses exécuteurs, avant d'être mis à mort.

Déjà, en 1854, Dompnier de Sauviac avait constaté l'existence de cette première cathédrale, attribuée à l'Evêque *Gratianus* et que le *Gallia Christiana* et l'abbé Pédegert font remonter à 506 ou 507 (1).

Nous avons, nous aussi, pu faire des constatations analogues lors de la reconstruction de l'église actuelle de St-Vincent et l'existence de cette basilique mérovingienne ne peut plus être mise en doute (2). Elle était évidemment contemporaine d'une autre, beaucoup plus petite, dont nous avons découvert, il y a quelque temps, les substructions en dessous de la sacristie gothique de Notre-Dame, bâtie elle aussi, croit-on, sur les ruines d'un temple romain.

Nous aurons à en parler de nouveau, quand nous en serons aux églises *intra muros*.

La cathédrale de Gratianus, qui avait eu à souffrir de l'invasion des Vascons, en 586, et de celle des Arabes d'Abdérame, en 732, fut complètement détruite par les Normands, qui à leur tour envahirent l'Aquitaine, en 844.

Elle resta en ruines pendant toute la seconde moitié du

---

(1) *Notice Historique et Archéologique sur Notre-Dame de Dax*, par J. F. Pédegert. Dax, imprimerie Bonnebaigt, 1849.
(2) *Saint Vincent de Xaintes, Premier Evêque de Dax*, par MM. Dufourcet et Camiade, *Aquitaine Historique et Monumentale*. *Bulletin de la Société de Borda*, année 1893.

IX⁰ siècle et toute la première du X⁰. Ce ne fut qu'en 960 que l'évêque de toute la Gascogne, Gombaud, descendant par sa mère de l'illustre famille de Navarre, la releva.

Cet évêque, qui fut *un grand bâtisseur,* construisit à St-Vincent une nouvelle et importante basilique, un peu à l'Ouest de la première et, chose à noter, sur l'emplacement même du temple attribué à Lucine. Le sanctuaire était élevé en dessus d'une crypte dont nous avons retrouvé les murs et dans laquelle on plaça le sarcophage en marbre blanc, contenant les corps de saint Vincent et de son frère Lœtus. Ce sarcophage, qui est devenu le maître-autel de l'église Saint-Vincent, reposait sur la mosaïque de *la cella* du temple païen. Ce pavement était assez bien conservé pour qu'on ait pu le restaurer et on l'a placé au centre de l'église actuelle qui, on le sait, a été récemment reconstruite. Les déblais qu'on a dû faire pour sa reconstruction nous ont permis de reconstituer le plan de la basilique du X⁰ siècle, qui dut n'être terminée qu'au XI⁰. Nous avons rendu compte dans une communication spéciale à la Société de Borda, des nombreuses et intéressantes découvertes qu'il nous a été donné de faire à l'occasion de cette reconstruction (1).

L'église de Gombaud, à peine terminée, dut être menacée à nouveau et, pour mettre le siège épiscopal à l'abri d'un coup de main, on se décida à le transférer dans l'intérieur des murs C'est ce qu'on fit également, à la même époque, dans plusieurs villes, notamment à Aire, où l'évêque, Pierre I⁰ʳ, transporta son siége, de l'église de Ste-Quitterie du Mas, dans la cathédrale, reconstruite en partie depuis, qui a conservé ce titre devenu officiel.

(1) *Bulletin de la Société de Borda.* Année 1893. — *Aquitaine Historique et Monumentale.*

Le transfert, à Dax, eut lieu vers l'an 1050, et il fut opéré par Raymond de Bazas, évêque de toute la Gascogne, à son passage dans notre ville (1).

Comme nous l'avons dit plus haut, il y avait déjà, en 511, dans l'intérieur de l'opidum dacquois, une chapelle qui, d'après les auteurs du *Mémoire Historique* qui citent un cartulaire de la Ville-Dieu (2), dont l'authenticité est il est vrai fort douteuse, aurait été consacrée par un évêque, MAXIMUS, que certains prétendent avoir été évêque d'Aix et non pas de Dax : « *Precibus populi capellan in civitate* « *Aquarum consecravit et benedixit cameterum* ». Ce qu'il y a de sûr, c'est que nous avons retrouvé les substructions de cette chapelle, en dessous de l'ancienne sacristie gothique, et qu'il y avait, tout autour, un cimetière contenant des sarcophages de l'époque mérovingienne. Ce cimetière, devenu le cloître de la cathédrale gothique, a servi, sans interruption, aux inhumations des habitants de Dax et des chanoines, depuis sa fondation jusqu'à la fin du siècle dernier. Nous l'avons complètement fouillé et nous y avons trouvé des choses du plus haut intérêt (3).

Celle qui nous a paru la plus extraordinaire et sur laquelle nous croyons devoir appeler de nouveau l'attention des lecteurs de nos bulletins, parce qu'elle a trait à l'histoire de nos églises de Dax, c'est la découverte que nous avons faite, tout à côté de l'abside de la petite basilique attribuée à Maximus, de trois tombeaux fort anciens, mais bien moins cependant que la chapelle, et qui nous ont révélé

---

(1) Oihénard. Livre III.

(2) Abbaye de Divielle, commune de Goos, à 14 kilomètres environ de Dax.

(3) *La Première Eglise de Dax*, par M Eugène Dufourcet — *Bulletin de la Société de Borda*, année 1887.

des usages et des pratiques funéraires, spéciales, nous l'avons su depuis, à notre vieille Aquitaine.

Le premier de ces tombeaux était orienté Nord et Sud ; sa longueur était de 1ᵐ 75 ; sa largeur, au Nord, de 0ᵐ 47 et, au Sud, de 0ᵐ 51 ; sa profondeur de 1ᵐ 58.

A 0ᵐ 66 de profondeur, on voyait quatre barres de fer, posées dans le sens de la largeur, également distantes les unes des autres ; et, dans l'espace compris entre la dernière barre, au Nord, et le mur de la tombe, il y avait une grille ronde, en fer, composée d'un cercle coupé de quatre barreaux, aussi en fer, se terminant intérieurement par des pointes en forme de trèfles, qui ne se rejoignaient pas au centre.

Nous pûmes même constater que malgré leur orientration *Est-Ouest*, le long séjour que les barres de fer avaient fait sous terre avait produit l'effet de les aimanter et que le pôle Nord de ces aimants était tourné vers l'Est.

Le second était tout à côté du premier, mais orienté Est-Ouest.

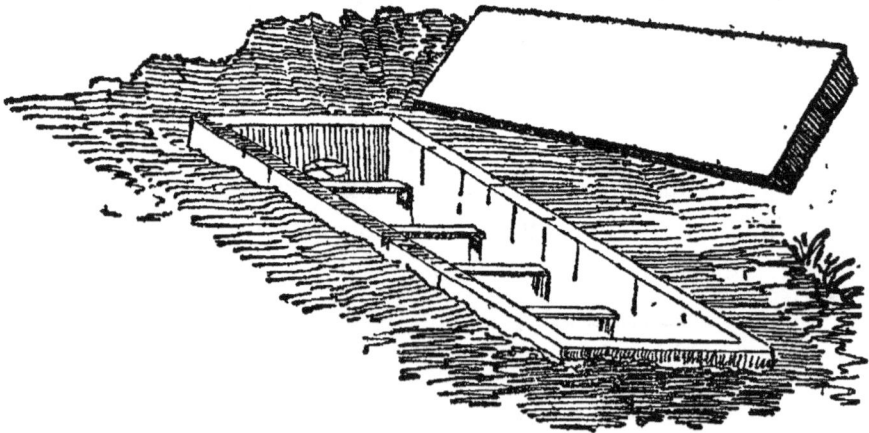

*Tombeau à grille de l'ancien cloître de la Cathédrale
Notre-Dame de Dax*

Ses dimensions étaient les suivantes : longueur 2ᵐ ; largeur, à l'Ouest, 0ᵐ 52 et à l'Est, 0ᵐ 50 ; profondeur 1ᵐ 58. Les barres en fer, et la grille ronde qui se trouvait à l'Ouest, étaient à 0ᵐ 77 du sol actuel du jardin de la sacristie et à 0ᵐ 50 en dessous du dallage de l'ancien cloître.

Le troisième caveau était orienté comme le second et n'en était séparé que par les deux parois qui étaient juxtaposées et formaient une épaisseur de 0ᵐ 40. Sa longueur était de 1ᵐ 88 ; sa largeur, à l'Ouest, de 0ᵐ 55 et à l'Est de 0ᵐ 48 ; il était profond de 1ᵐ 75 et sa grille était placée à 0ᵐ 88 du niveau primitif.

Dans ces trois tombeaux, à demi remplis de terre, y ayant pénétré par les cassures des dalles, qui les recouvraient, se trouvaient, en dessous des barres de fer, de nombreux ossements appartenant à des personnes d'âge et de sexe différents. Nous avons découvert, dans le premier, une épée en acier, trop rongée par la rouille pour qu'il nous ait été possible de lui assigner une date, et, dans le troisième, un gros d'Aquitaine, d'Edouard III, roi d'Angleterre et *Dux Aquitanie*, comme le porte la légende de cette pièce, qui dut être frappée entre 1317 et 1355.

Nous apprîmes, à l'occasion de cette découverte que, dans le pays Basque et, plus près de nous, à Soustons, et dans une partie de l'ancienne vicomté de Maremne, on rencontre des tombes du même genre, qui sont encore en usage et qui appartiennent aux familles les plus notables et les plus anciennes.

Quand un décès se produit dans les familles propriétaires de ces antiques sarcophages, on place le cercueil sur les barres et, après un certain temps, lorsque la décomposition a fait tomber en dessous, cercueil et ossements, on peut déposer dans le même tombeau un nouveau cadavre, dont les restes vont, plus tard, rejoindre au fond de ce caveau commun, ceux qui les y ont précédés.

Les tombes dont nous avons donné la description ont dû servir à des inhumations semblables et successives. Nous croyons, cependant, pouvoir affirmer que les corps qui y ont été déposés n'étaient pas enfermés dans des cercueils, qu'ils étaient placés à même sur les barres et que les grilles rondes dont nous avons parlé étaient évidemment destinées à soutenir leurs têtes. Ce qui le prouve, c'est le peu de largeur de ces trois tombes, surtout de la première et ce fait que nous n'avons trouvé dans aucune d'elles, ni bois, ni métal, provenant des cercueils qu'elles auraient contenus. Le bois aurait bien pu complètement disparaître, mais les clous se seraient nécessairement conservés ; on en a rencontré souvent dans des caveaux plus anciens.

Ceux qui nous occupent doivent être du XIII⁹ siècle. Ils existaient au XIV⁹ lorsqu'on a construit le cloître, car on a, à cette époque, surélevé de 0,20 c. environ leurs parois, pour les faire monter au niveau du dallage et, de plus, l'un d'eux est construit avec des matériaux provenant de l'église romane de Notre-Dame qui devint cathédrale au XI⁹ siècle. Ce sont des fragments de corniches dont les sculptures, on peut les voir au Musée de Borda, sont ce qu'il y a de plus classique. Elles ressemblent à celles de St-Paul-lès-Dax et de l'abbaye d'Arthous et, comme elles, se ressentent encore de l'art carolingien, dont elles ont conservé les entrelacs et les enroulements.

L'abbé Pédegert et Dompnier de Sauviac sont d'accord pour fixer à 1050 la date du transfèrement du siège de St-Vincent à Notre-Dame Le premier de ces deux auteurs l'attribue à un prélat du nom de Raymond, sans dire s'il était évêque ou archevêque ; le second veut que ce soit Raymond de Bazas, dit le Vieux, ou Raymond I. Il s'appuie sur le Livre Rouge des Archives de Dax qui dit, en parlant de cet évêque et de *Guido,* duc d'Aquitaine : « *Ex vicentio* « *intra muros transmuttaverunt sedem sanctæ matris* « *ecclesiæ Aquensis.* »

Compaigne veut que ce changement soit l'œuvre de Raymond III, qui aurait été appelé à cause de cet événement Raymond de Xaintes.

Thore dans son manuscrit prétend que l'église Notre-Dame fut consacrée en 1045 et nous nous demandons si elle ne le fut pas, non pas par un des Raymond évêques de Dax et de toute la Gascogne, mais bien par l archevêque d'Auch, Raymond Copa.

Ce qu'il y a de sûr c'est que ce métropolitain vint à la même époque consacrer un autel à Pouillon et il est très probable qu'il aura profité de sa présence à Dax, pour aller dans ce village qui n'en est distant que de quatorze kilomètres et dont l'importance n'était pas suffisante pour motiver un aussi long et aussi pénible voyage que celui d'Auch aux environs de notre ville. Il est vraisemblable que l'archevêque sera venu assister son suffragant et homonyme, Raymond, pour la cérémonie de la translation et qu'il consacra notre église, comme celle de Pouillon.

Quoiqu'il en soit, on peut voir, gravée sur une pierre, contre le mur intérieur de l'abside de l'église de cette dernière localité, l'inscription suivante :

II. ID. IVNII. DEDICATIO
VIVS. ALTARIS. IN. HONORE.
St. MARTINI. ONIVMQVE.
SANCTORVM. A. DOMINO
AVCHIENSI RAIMVNDO
ARCHIEPISCOPO

La forme des lettres et le style de l'abside sont du XIᵉ siècle et le doute n'est pas possible, l'archevêque d'Auch dont il s'agit est évidemment Raymond Copa qui, d'après le Père Labat (*Petite Revue Catholique d'Aire*, 1873), convoqua à Dax le premier concile provincial qui ait été tenu en Gascogne. Ce concile coïncidant avec la translation du siège, due probablement à l'initiative de Raymond I de Bazas, explique la présence à Dax de ce prélat qui, comme l'ont définitivement établi l'abbé Caneto et M. Burdeau, fut archevêque d'Auch de 1036 à 1050 (1).

Cette église romane devait être très belle et très ornée. Dans les diverses fouilles que nous avons faites, pendant les travaux de restauration de la cathédrale actuelle, nous avons trouvé, en sus des sculptures découvertes dans les tombeaux à grille, un chapiteau historié, orné de personnages ayant la tête en bas, comme ceux qui se voient à l'abside de St-Paul et les fragments de trois autels dont nous avons déjà donné la description dans le bulletin du Congrès, tenu en 1888, à Dax et à Bayonne, par le Société Française d'Archéologie.

Le premier est en marbre blanc très fin. Nous n'en avons retrouvé que la partie inférieure, le pied, ou l'un des pieds, car nous n'avons pas pu résoudre les questions de savoir si ces autels, qui n'avaient pas la forme d'un tombeau, et se composaient d'une grande table, avaient un seul pied placé au milieu, comme ceux d'Antibes décrits par M. Mongins de Roquefort et le colonel Gazan (Congrès de Montbrison, 1865), ou si la table proprement dite ne reposait pas horizontalement, sur deux autres tables ornées de colonnes et de panneaux sculptés, fixées verticalement sur le sol ? M. l'abbé Martigny, dans son *Dictionnaire des Antiquités*

---

(1) Voir *Histoire des Landes*, p. 182 et suivantes.

Chrétiennes, mentionne des autels de ce genre qui, d'après Grégoire de Tours, étaient désignés sous le nom d'Arca.

Ce premier pied est une forte plaque, épaisse de 0ᵐ 30, ornée de trois colonnes juxtaposées, dont les bases sont attiques. Les chapiteaux ont pour tout ornement une palmette entre deux feuilles retournées en volute, rappelant bien le XIᵉ siècle. Sur les fûts, s'enroule en spirales un ruban perlé, large de 0ᵐ 02, dont les spires sont espacées de 0ᵐ 10 environ.

Le second autel est le plus complet des trois. Il est également en marbre blanc des Pyrénées. Son pied est assez complet pour qu'il ait pu être dessiné. (Voir la planche). Ses dimensions sont les suivantes : hauteur 0ᵐ94, largeur 0ᵐ 70, épaisseur 0ᵐ 15 sur les côtés, et 0ᵐ 40 au milieu.

La face antérieure forme un panneau sculpté sur toute sa surface et sur lequel on voit, dans le haut, une double arcature en plein cintre, dont les tympans sont ornés, l'un d'un quatrefeuilles entre quatre boules, l'autre d'une moulure repliée en volute, comprise également entre quatre boules. Les deux arcatures sont surmontées d'un troisième cintre plus petit, et, de chaque côté, elles reposent sur une sorte de portique grec, tandis qu'au milieu, les deux arcs s'appuient sur une colonne centrale très courte et sortant d'entre deux volutes qui terminent le haut d'une moulure, à l'aspect carlovingien, formant comme un rinceau autour du sujet principal qui est dans le bas du panneau.

Ce sujet est un personnage trapu, à grosse tête. Ses pieds, chaussés à la poulaine, reposent sur la partie inférieure du rinceau, et ses mains sont accrochées à la courbure supérieure de cette moulure. Deux oiseaux, suspendus à ses bras, lui becquettent les jambes et deux autres, posés sur ses mains, ont leur tête à la hauteur de la volute supérieure d'où sort la colonne centrale. Deux de ces oiseaux ont le cou attaché avec un cable.

Les côtés de ce pied-table sont formés de deux colonnettes séparées par une arête vive et dont les bases étranglées sont des plus simples. Elles n'ont pour chapiteau qu'un gros tore.

La face postérieure a, pour tout ornement, trois colonnes unies, dont la médiane est d'un module beaucoup plus grand que celui des deux autres.

Le troisième pied avait, comme le second, un panneau historié, mais il n'en reste plus que le haut du corps d'un personnage ressemblant à celui que nous venons de décrire. Les colonnes latérales et les trois autres qui constituaient la partie antérieure de ce pied, étaient semblables à celles du premier, avec cette seule différence que l'enroulement perlé était remplacé par de larges chevrons. Il nous a été impossible d'en mesurer exactement les dimensions.

Ces trois fragments d'autel sont déposés au Musée municipal de Borda, où l'on peut voir aussi un des tombeaux à grille exactement reconstitué.

La vue de Dax en 1612, que nous avons publiée dans le Bulletin de 1894, reproduit, à côté du transept Nord de l'église gothique, une tour octogonale, qui a dû appartenir à la basilique du XIe siècle et que les architectes du XIIIe et du XIVe ont jugé bon de conserver.

C'est, en effet, dans la seconde moitié du XIIIe siècle et dans la première du suivant, que l'on construisit, à Dax, une magnifique cathédrale, plus grande certainement et plus richement ornée que celle de Bayonne.

Nous avons pu, pour ainsi dire, en refaire le plan par terre et la coupe, en surveillant avec soin, avec M. Sanguinet qui les dirigeait, les derniers travaux de restauration. Notre regretté collègue avait pris toutes les côtes, que nous n'avons pas malheureusement retrouvées après sa mort, sans quoi, en nous aidant du dessin de Duwiert, il nous aurait été possible de reconstituer presque exactement le bel édifice qui est loin d'avoir été remplacé par celui du XVIIIe siècle, quelque mérite qu'ait ce dernier.

La grande nef gothique était beaucoup plus élevée que celle d'aujourd'hui, et celles des bas-côtés aussi. Leurs arcatures, dont on voyait la naissance dans le grand mur derrière la tribune de l'orgue, indiquaient leur hauteur, et les tores éclatés qui les formaient marquaient qu'elles avaient été bâties au XIVᵉ siècle. Nous avons même retrouvé des restes des fresques qui les décoraient.

Les transepts étaient situés à l'Est de ceux qui existent actuellement. Ils étaient encadrés de colonnes géminées, très élancées, qui supportaient des frontons élégants dont la hauteur dépassait de beaucoup la toiture des nefs et de l'abside.

Il n'y avait pas de chapelles latérales, ni dans les basses-nefs, ni dans le déambulatoire, et le chevet devait se prolonger néanmoins jusqu'à l'entrée de la cour de l'ancien évêché, transformé aujourd'hui en hôtel-de-ville, dont la construction dans sa partie la plus ancienne, ne remonte qu'à l'épiscopat de Gaston de Lamartonie, c'est-à-dire à la première moitié du XVIe siècle, postérieurement aux démolitions ordonnées, en 1523, par le gouverneur Haubardin de Luxembourg. C'est alors que fut démolie la moitié sud du cloître annexé à l'église au XIVᵉ siècle, et dans les dépendances duquel se trouvaient, jusqu'à cette époque, le logement de l'évêque et des chanoines et une immense salle capitulaire dont nous avons retrouvé les fondations (1). Ce cloître était certainement comparable comme dimensions et comme architecture à celui de la cathédrale de Bayonne.

Il s'appuyait sur l'église et sur la sacristie également du XIVe siècle ; aussi sa démolition partielle entraîna-t-elle, malgré plusieurs réparations et de nombreux travaux confortatifs, dont nous trouvons des traces dans divers documents et dans une inscription commémorative déposée au Musée, la ruine complète de l'église tout entière qui s'écroula subitement en janvier 1646. Ses fondations étaient cependant solidement établies : elles n'avaient pas moins de sept mètres de profondeur et reposaient sur de grosses pièces de bois placées horizontalement. Nous avons pu le constater, sur plusieurs points, au cours des travaux qui viennent d'être faits.

Ces travaux ont amené aussi la découverte et le dégagement de l'ancien porche, qui soutenait autrefois le clocher et au fond duquel se trouvait le magnifique portail que nous allons étudier.

Ce porche était un vrai chef-d'œuvre de l'art gothique. Il se composait de trois immenses arcatures, très aiguës, supportées par quatre pilastres formés d'un faisceau de sept élégantes colonnes, dont les chapiteaux avaient des ornements végétaux et sur lesquels venaient s'appuyer de gros tores, divisant l'ogive en sept nervures, correspondant aux colonnes. Il est fâcheux que l'agrandissement de l'église ait nécessité la démolition de cette entrée monumentale de l'ancienne basilique, qui était encore assez complète pour être facilement restaurée.

_____

(1) *La Première Eglise de Dax et le Cloître de la Cathédrale gothique*, par M. E. Dufourcet. — *Bulletin de la Société de Borda*, 2e trimestre 1887.

En s'aidant du plan de Duwiert, on aurait même pu reconstituer le clocher qui le dominait, et, comme on l'a fait à Bayonne, le terminer en y ajoutant une flèche dans le style du portail qui servait de fond à ce portique triomphal.

Pour allonger la nef ionique dans de justes proportions, on a dû aussi déplacer ce portail, classé, fort heureusement, parmi les monuments historiques. On l'a démonté avec soin et un architecte délégué par le Ministère des Beaux-Arts, vient de le faire reconstruire dans le transept Nord de la cathédrale, la face tournée du côté de l'intérieur. C'est aujourd'hui le plus bel ornement de notre église, dans laquelle il figure comme un immense tableau, comme un glorieux souvenir du passé de notre édifice religieux, *comme une des plus belles pages de notre histoire locale*, disait, avec raison, le chanoine Pédegert qui en recommandait la conservation et qui craignait fort *qu'on la déchirât*.

Nous l'avions photographié, en place, dans les ruines de l'ancien porche, et c'est sur la reproduction de cette photographie (voir la planche), que nous invitons nos lecteurs à l'étudier avec nous.

Ses dimensions sont très grandes ; sa profondeur, des colonnes extérieures, supportant la dernière voussure, à la porte proprement dite, est d'environ 4 mètres, sa largeur est de 8^m 16 à l'entrée de la première arcature et de 4^m 41 à la dernière ; sa hauteur totale est de 11^m 70. Le tympan mesure, à lui seul, 3^m 50 de haut et le linteau 0^m 55 ; l'ouverture de la porte est de 4^m 25, mais elle est divisée en deux par un pilier qui supporte une statue. L'ébrasement est de plus de trois mètres et cet espace est coupé, de chaque côté, par six colonnes laissant entr'elles des intervalles de 0^m 26 à 0^m 30. Chaque colonne est surmontée d'un chapiteau, et ce chapiteau, à ornements végétaux, sert de point d'appui à un bandeau historié et aux six archivoltes qui forment les voussures. Les fûts de ces six colonnes disparaissent complètement et sont cachés par autant de statues dont le nimbe s'élève jusqu'à la hauteur des chapiteaux. Telle est, d'après l'abbé Pédegert, auquel nous empruntons en grande partie cette description, très exacte et très complète, l'ossature externe de ce monument dont nous allons détailler, aussi brièvement que possible, la description.

TRUMEAU ET EBRASEMENT. — Des feuilles de lierre et et de vigne tapissent les angles des piédroits qui forment le trumeau. A ce trumeau, ou pilier central, est adossé Notre-Seigneur, reconnaissable à son nimbe crucifère, ainsi qu'au livre à sept sceaux qu'il tient de la main gauche. C'est, d'après M. Léon Palustre, la représentation du Christ Docteur, prêchant sa divine doctrine à ses apôtres et levant la main droite pour les bénir. Le Sauveur, appelé dans l'Ecriture *lion de Juda* (Apoc. S. S.), appuie ses pieds sur son propre symbole, c'est-à-dire sur un lion accroupi sur un chapiteau en forme de dais, sous lequel était un personnage fantaisiste qui ressemblait à un moine et qui a disparu, ainsi que le lion. Il s'est effrité quand on a voulu le déplacer, mais il sera facile à reproduire, quand on restaurera le portail et qu'on remplacera les statues et les sculptures qui y manquent.

Les douze colonnes de l'ébrasement sont, nous l'avons déjà dit, effacées par les statues des douze apôtres rangés autour du Divin Maître. Chacune a 1ᵐ90 de haut, et cette dimension a été adoptée, sans doute, pour que les personnages paraissent de grandeur naturelle au niveau auquel ils sont placés. A gauche, en regardant le portail, on voit saint Pierre, dont les clefs sont brisées et saint

André que la forme de sa croix fait reconnaître ; mais les quatre autres ont perdu leurs insignes. A droite, on trouve saint Paul ; saint Jacques le Majeur, ou de Compostelle, portant la panetière garnie de coquilles ; saint Jean, imberbe, ayant un aigle sculpté sur son livre ; saint Thomas, appuyé sur son bâton de foulon. Une cinquième statue méconnaissable et une sixième paraissant représenter saint Jacques le Mineur. Chacun des apôtres, déchaussé et nimbé, tient dans sa main, non pas le phylactère, ou le rouleau de papyrus du style roman, mais un véritable livre in-8°, relié, à dos plat, avec des clous et des fermoirs. En général, les figures sont belles, nobles, variées, caractéristiques. Les treize statues ne paraissent pas être l'œuvre du même sculpteur et sont loin d'avoir la même valeur. Celle de Notre-Seigneur ne nous semble pas la meilleure et le type de sa figure a quelque chose d'étranger.

LINTEAU OU BANDEAU. — Le linteau de la porte, c'est-à-dire le bandeau sculpté qui se continue des deux côtés de l'ébrasement, est occupé par la représentation de la Résurrection, du Paradis et de l'Enfer. C'est l'exécution des sentences rendues par le Christ Juge que nous trouverons figuré sur le tympan.

Sur les côtés, au-dessus de chaque statue le bandeau est coupé, dans le sens de l'entrecolonnement intérieur, de manière à servir de première assise aux archivoltes, cette disposition laisse la place à douze groupes de statuettes, correspondant aux douze colonnes.

Le linteau proprement dit, formant la platebande de la porte, nous montre la Résurrection. On y voit des tombeaux entr'ouverts et des pierres sépulcrales soulevées par des hommes nus.

Côté droit du pied de l'autel de la Cathédrale Romane
de Dax (1045)

A gauche, ou pour mieux dire, à droite en faisant face au portail, est le côté des réprouvés. Ils sont dans des sarcophages sans ornements dont ils peuvent à peine soulever les couvercles. A droite, du côté des élus, les tombes sont sculptées avec luxe et les ressuscités semblent triomphants. Deux d'entr'eux, l'un coiffé d'une mître, l'autre paraissant être une femme, ont le corps à moitié dégagé de cuves ou de grandes urnes cinéraires. On a voulu y voir un souvenir de la pratique de l'incinération que nos pères les Aquitains auraient conservée assez longtemps, même après leur conversion au christianisme. Nous sommes plutôt de l'avis de ceux qui pensent que les deux personnages en question représentent saint Vincent de Xaintes et sainte Quitterie, dont les ossements furent brûlés, d'après certaines traditions.

Les groupes placés sous les archivoltes nous montrent diverses scènes de gloire ou de damnation, suivant le côté où ils se trouvent :

Le premier nous fait voir un moine encapuchonné ayant à côté de lui un abbé mîtré qui porte l'aube, l'étole et la chappe, et tient, à la main gauche, un reste de crosse. (Etat monacal ?) ;

Au deuxième, sont quatre femmes ayant des bouquets à la main ; toutes leurs têtes sont brisées, aussi bien que celle d'un ange qui semble les conduire. (Etat virginal ?) ;

Au troisième, sont représentés un homme et une femme richement vêtus. (Etat de mariage ?) ;

Au quatrième, se trouve un prêtre, entre un diacre et un sous-diacre ; derrière il y a un autre clerc. (Etat ecclésiastique ?) ;

Au cinquième et au sixième, on voit quatre personnages dont les figures sont détériorées et dont l'un, dans chaque groupe, porte un livre.

T. III

A gauche, sont placées les scènes de la damnation :

C'est, au premier groupe, un horrible démon qui entraîne trois damnés, et porte une tête sur le ventre. M. Pédegert se demande si ce n'est pas le démon de l'orgueil ?

Au deuxième, trois autres damnés sur les têtes desquels pèsent plusieurs diablotins et un grand diable ayant une tête de satyre. Des crapauds et des salamandres se voient tout autour et mordent les coupables. L'un d'eux porte au cou une espèce de besace. N'est-ce pas la représentation de l'avarice ?

Au troisième, deux luxurieux liés ensemble par une chaîne de fer. Six damnés sont conduits par un démon épouvantable et des animaux fantastiques les déchirent à belles dents ; un crapaud et un serpent s'attachent aux mamelles d'une femme ;

Au quatrième, un démon à tête et à barbe de bouc ; une énorme gueule renversée figure la barque à Caron, symbole de l'enfer. On y voit entrer plusieurs damnés pressés par des démons armés de fourches.

Au cinquième, une vaste chaudière toute pleine de réprouvés ; des diables attisent et soufflent le feu. Ce même motif se trouve au portail de la cathédrale d'Amiens, dont le tympan est presque le même que le nôtre et qui pourrait bien être l'œuvre du même architecte ?

Au sixième, un démon menaçant conduit deux damnés par les bras tandis que des diablotins grimacent au-dessous.

TYMPAN. — Le drame humanitaire se complète sur ce tympan. L'ogive qui circonscrit son aire est encadrée par une guirlande de feuillages. Sur le milieu de la base, cette guirlande se retrousse, subitement, des deux côtés, et se termine, par le haut, en ellipse, de manière à laisser la place d'une niche qu'occupait un ange aujourd'hui mutilé.

Au-dessous de l'ange, on aperçoit un diablotin qui tire sur
le plateau d'une balance pour la faire pencher de son côté.
C'EST LA PESÉE DES AMES, un sujet qu'on trouve surtout
au XII⁰ siècle. A droite et à gauche de la niche, on voit la
Sainte Vierge, saint Jean et deux anges et, dans le centre
même du tympan, devait être le CHRIST JUGE, comme à
Amiens, où il y a aussi le CHRIST DOCTEUR, entouré comme
à Dax, des douze apôtres. Les statues qui représentent à

Amiens la Sainte Vierge et saint Jean sont identiques à
celles de notre tympan ; il en était évidemment de même
pour celle du Christ. On aura donc un modèle tout trouvé,
quand on restaurera notre portail. Comme à Amiens
encore, deux anges portent, à Dax, les instruments de la

Passion et deux autres tiennent dans leurs mains, l'un le soleil l'autre la lune. Enfin, deux autres beaucoup plus petits, placés au sommet de l'ogive, posent sur la tête du Sauveur une couronne de gloire.

ARCHIVOLTE — VOUSSURES. — A gauche et à droite du tympan, le dessus du portail est garni d'arcades qui partent de chaque colonne pour aller se croiser au sommet ; ces six arcades saillantes ou archivoltes sont ornées d'autant de chapelets de statuettes, séparées entr'elles par des culs-de-lampe qui servent, à la fois, de piédouche et de dais.

A la première archivolte, la plus rapprochée du tympan, on voit des anges ; à la seconde, des femmes nimbées, assises, ayant des livres dans les mains ; à la troisième, un sujet classique, les vierges sages et les vierges folles, ces dernières portant les lampes renversées, faute d'huile ; à la cinquième, des évêques, des docteurs et des martyrs, saint Etienne se reconnaît à son gril ; à la sixième, des anges, qui encadrent ainsi, des deux côtés, dit avec raison le chanoine Pédegert, l'Eglise triomphante réunie autour de son divin chef.

Il reste encore de l'ancienne église gothique, ou plutôt de son mobilier, 38 stalles, qui portent, presque toutes, des traces de son écroulement, mais sont cependant dans un état de conservation qui les rendrait dignes d'un entretien et de soins, qui leur font, hélas, complètement défaut.

28 sont placées sur le pourtour du chœur actuel, derrière le maître-autel ; 10 sont reléguées dans le bas-côté Sud, à la place où se trouvaient, autrefois, les autels dédiés à saint Michel et à saint Pierre.

Pour les décrire plus facilement, nous leur donnons, à chacune, un numéro d'ordre, en commençant par la première à droite du grand autel, du côté du Nord, et en prenant ensuite successivement les 10 dernières, le n° 29 désignant la plus rapprochée de l'autel de la Vierge.

Nous ferons, tout d'abord, remarquer que les accotoirs se ressemblent, à première vue, mais qu'ils sont néanmoins différents les uns des autres : ce sont des personnages fantastiques dont les pieds et les bras se terminent en volutes, ayant tous des postures impossibles et contournées avec effort pour soutenir la plate-forme de l'accoudoir. L'imagination de l'artiste qui les a sculptés égale son talent qui est réel. Tous ces sujets seraient à reproduire.

Les Miséricordes sont encore plus variées et plus originales. Un ou deux sujets sont cependant répétés deux fois, mais encore avec de légères variantes dans l'ornementation.

N° 1. — La console formant la miséricorde de cette stalle représente un ange tenant, avec ses bras et avec ses ailes, des serpents entrelacés et foulant aux pieds deux autres reptiles.

On voit sur les autres :

N° 2. — Deux démons aux pieds de bouc, dont les bras sont terminés en volutes et qui soutiennent, avec des poses d'hercules, les tablettes de la miséricorde ;

N° 3. — Un buste de femme dont le corps est celui d'un poisson, elle tient un miroir, de la main droite, et un peigne, de la main gauche. Est-ce une sirène, ou bien la représentation de Mélusine Celtique dont la légende fait l'aïeule de la famille de Lugignan ?

N° 4. — Un écu non blasonné, accosté de deux anges ;

N° 5. — Un médaillon avec une tête d'ange, ayant tous les caractères d'une sculpture du commencement du XVI° siècle ;

N° 6. — Un cul-de-lampe avec ornements végétaux, encore gothiques ;

Nº 7. — Un démon avec des pieds de bouc et des ailes d'anges, terrassant un damné qui s'accroche à lui et se défend énergiquement ;

Nº 8. — Un écusson de forme bizarre ;

Nº 9. — Des serpents entrelacés ;

Nº 10 — Un second médaillon orné de feuillages gothiques ;

Nº 11. — Un troisième médaillon entouré d'une guirlande de fleurs dont le style accuse franchement la Renaissance ;

Nº 12. — Un autre médaillon avec une tête d'ange aux ailes déployées ;

Nº 13. — Un cul-de-lampe orné de feuilles ;

Nº 14. — C'est évidemment la stalle épiscopale. Elle est ornée, sur les côtés, de moulures plates et de têtes grimaçantes, ressemblant, à la fois, à celles que l'on voit sur les stalles terminales de Saint Pierre-sur-Dives, XVᵉ siècle, et sur celles de l'abbaye de Loulay, publiées, toutes deux par M. de Caumont, dans son archéologie sacrée. La miséricorde a aussi pour ornement une tête d'homme grimaçante ;

Nº 15. — Stalle terminale, ornée sur le côté droit de sculptures plates, semblables à celles du numéro 14, et ce côté étant formé comme ceux de la précédente stalle, de panneaux rectangulaires, dont les montants sont des colonnes cannelées. La miséricorde représente un poisson fantastique, sorte de dauphin ailé, ayant quatre roues comme un char, et portant, sur son dos, un vieillard qui paraît dormir ;

Nº 16. — Pas de sculptures, le siège ancien ayant disparu. Il ne reste que les accoudoirs ;

Nº 17. — Deux démons semblables à ceux du numéro 7 ;

Nº 18. — Un ange aux ailes déployées et aux pieds en

volutes soutenant avec peine le siège de la miséricorde qui semble l'écraser sous son poids ;

N° 19. — Un médaillon avec une tête grimaçante encadrée entre deux hippocampes ;

N° 20. — Des serpents entrelacés ;

N° 21. — Le siège manque ;

N° 22. — Une chouette ouvrant ses ailes ;

N° 23. — Une tête de taureau entre deux cariatides ;

N° 24. — Un oiseau symbolique becquetant une guirlande de fleurs ;

N° 25. — Une tête d'homme, avec de grandes moustaches, encadrée dans des draperies ;

N° 26. — Un cheval au galop poursuivi par son cavalier démonté ;

N° 27. — Un médaillon sans ornements ;

N° 28. — Un homme nu, dont un aigle mord la jambe droite ;

N° 29. — Une tête de taureau ornée de draperies ;

N° 30. — Trois têtes d'hommes grimaçantes ;

N° 31. — Une tête d'homme avec des oreilles d'âne ;

N° 32. — Deux hercules aux bras entrelacés ;

N° 33. — Une tête de femme ornée de draperies et, de chaque côté, des cornets d'abondance ;

N° 34. — Deux pélicans se mordant la poitrine ;

N° 35. — Des serpents entrelacés ;

N° 36. — Une seconde tête d'homme avec des oreilles d'âne ;

N° 37. — Un cul-de-lampe avec des ornements végétaux gothiques ;

N° 38. — Il n'en reste que les accoudoirs, la miséricorde a disparu.

Il résulte de cette description que nos stalles doivent appartenir au XVI° siècle. Il est même probable qu'elles ont été faites vers la moitié de ce siècle et nous en trouvons la preuve dans leurs nombreux points de ressemblance avec celles du XVe, et dans ce fait que, sous le pontificat de Gaston de Lamartonie, qui occupa le siège de Dax de 1519 à 1557, les chanoines, dont Haubardin de Luxembourg avait, nous l'avons déjà dit, fait démolir les maisons, attenant au cloître, touchèrent comme compensation, sur la contemplerie de Bordeaux, une somme de douze mille livres, qui fut employée à augmenter les constructions du palais épiscopal et à compléter le mobilier de la cathédrale.

Il serait facile et peu coûteux de restaurer, tout ou partie de ces stalles antiques et nous nous demandons si leur place ne serait pas toute indiquée à celle qu'occupe, aujourd'hui, le *banc d'œuvre,* composé de sièges modernes, sans style et par trop simples, auxquels on a ajouté deux ou trois rangées de stalles du XVIIe siècle qui sont loin de valoir celles du XVIo ?

Pour ne pas avoir à revenir sur ces stalles du XVIe siècle, disons qu'il y en a encore 44, et sur ce nombre 29 sont derrière le chœur, avec les 28 que nous avons décrites ; que leurs accotoirs sont tous ornés de guirlandes de fleurs à peu près semblables à celles que nous signalerons bientôt sur la porte du transept Nord et qu'elles sont l'œuvre, très probablement, du même ciseau.

On devrait, d'après nous, les réunir toutes derrière l'autel et réserver les premières pour la grande nef, où elles seraient plus en évidence.

La cathédrale gothique s'était, nous l'avons vu, écroulée subitement, en 1646, sous le pontificat de Jacques d'Esclaux de Mugron.

L'évêque et le Chapitre se mirent aussitôt à l'œuvre pour la reconstruire. On ignore à qui ils en confièrent le plan. On a prétendu que ce fut à Vauban, mais le fait est impossible, car à l'époque où commencèrent les travaux de reconstruction, l'illustre ingénieur avait à peine 14 ou 15 ans. Peut-être lui doit-on, cependant, certaines modifications qui ont eu lieu indubitablement en cours d'exécution, comme l'a constaté, avec nous, M. Léon Palustre, notamment l'addition du triforium qui a nécessité l'abaissement des voûtes des bas-côtés et du déambulatorium et et obligé à couper en deux les énormes baies extérieures qui devaient déjà être bâties au moment où a eu lieu cette importante modification. Ce qu'il y a de sûr, c'est que, comme on l'a souvent fait remarquer, les basses-voûtes de notre cathédrale ont plus d'un rapport avec celles des casemates des fortifications à la Vauban.

Le triforium, que nous lui devons probablement, fait ressembler notre église à celle de St-Louis, de Paris, ancienne chapelle des PP. Jésuites, avec cette différence, cependant, que l'ordre est ionique, à Dax, tandis qu'il est corinthien à Paris. Les deux édifices appartiennent au style néo-grec, produit hybride de l'art grec ancien et du roman.

Tout l'intérieur est bien ionique : les pilastres, quoique non canelés, et malgré leur soubassement de plus de deux mètres, destinés à surélever les voûtes, sont classiques, avec leurs volutes, l'entablement et l'élégante frise qui les surmontent.

Les voûtes qu'ils supportent sont une heureuse combinaison du berceau roman et l'arête ogivale.

Le dôme qui se trouve au point d'intersection des transepts et de la nef, produit un effet grandiose avec ses quatre grands pendentifs et sa belle coupole, surtout depuis qu'ils ont été décorés de peintures qui ne manquent pas d'un certain mérite.

Avant son achèvement, dû, on le sait, aux efforts

combinés de notre regretté archiprêtre, M. le chanoine Lorreyte, à la mémoire duquel nous sommes heureux d'avoir l'occasion de rendre hommage, de la Municipalité et de la population tout entière, l'édifice ne mesurait dans son œuvre que 56 mètres de long. On l'a, aujourd'hui, allongé d'une travée, en réalité de deux, car l'une des anciennes était obstruée autrefois par la tribune de l'orgue, et d'un atrium au-dessus duquel est placé actuellement cette tribune communiquant avec la nef par une immemse baie ; ce qui l'allonge encore plus pour l'œil, et lui donne des proportions très régulières. Sa largeur est de 22 m. 75. Elle a la forme d'une croix latine et les transepts font saillie 7 m. 20 ; ce qui porte leur longueur totale à 37 m. 15.

Le chevet est à pans coupés.

La cathédrale du XVII⁰ siècle n'avait pas de clocher. Le chanoine Darrieulat, qui avait, de son vivant, puissamment contribué par ses soins et ses libéralités à la construction de ce bel édifice, voulut que, après sa mort, on pût lui ajouter une tour destinée à recevoir les cloches. Il mourut, le 28 juin 1725, et légua, à cet effet, une somme de 25,000 livres. Le clocher fut immédiatement commencé et il était presque achevé, lorsque le 28 octobre 1727, entre onze heures et midi, dit le manuscrit de J.-B. Thore, il s'écroula et écrasa dans sa chute plusieurs maisons voisines.

Il fut, longtemps après, remplacé par une sorte de pigeonnier en bardeaux, qu'on voyait, il y a quelques années encore, se tenir, par un prodige d'équilibre, au-dessus du mur terminal, à l'Ouest, l'un des restes de l'église gothique.

Les deux tours actuelles avec leurs campaniles, à coupoles allongées, réalisent on ne peut mieux le vœu du chanoine Darrieulat, et l'aspect extérieur de l'imposante masse de notre monumentale cathédrale serait irréprochable si la coupole centrale, couverte d'un toit pyramidal, était mise en harmonie avec celles des clochers.

Mais, pas plus que Paris, notre église ne s'est pas bâtie en un jour ! Sa construction première dura, paraît-il, 73 ANS. Au XVIIᵉ et au XVIIIᵉ siècles, comme au XIXᵉ, le clergé, les corps constitués de la ville et le peuple rivalisèrent de zèle. Les évêques Jacques d'Esclaux et son successeur Mgr de Bar, le président du présidial, de Borda, les chanoines de Janin, de St-Martin, de Saphore, de Baylenx, de Lavigne, de Brostra, Bergoing et de Lamothe et plus tard, le théologal Darrieulat, méritent surtout d'être signalés par leur générosité et le dévouement qu'ils mirent à poursuivre cette œuvre de patriotisme local.

Ce dernier, par reconnaissance, fut inhumé dans le caveau qui se trouve au-dessous du chœur de la cathédrale. Pour les mêmes motifs, on a voulu faire le même honneur à M. l'archiprêtre Lorreyte. Espérons qu'on l'y laissera reposer en paix, malgré les menaces contraires qui sont venues dernièrement attrister ceux, et ils sont nombreux, qui ont approuvé en cette circonstance l'initiative prise par la municipalité de Dax, pour reconnaître ce que celui qui en a été l'objet a fait pour la cathédrale et pour la ville.

Ce caveau n'a malheureusement rien de monumental. Il mériterait, cependant, lui aussi d'être restauré, car il contient les restes vénérables de plusieurs de nos évêques. Leurs noms sont simplement écrits au trait, sur l'enduit des murs qui forment un certain nombre de cellules contenant, chacune, un ou deux cercueils.

L'église Notre-Dame fut inaugurée et *bénite,* d'après le manuscrit Cazenave, attribué, on le sait, au jurat de Boutges, le 26 mai 1719, par Monseigneur l'évêque, qui était alors Monseigneur d'Abadie d'Arboucave, « qui y « célébra la messe le lendemain, jour de la Pentecôte. »

Son successeur, François d'Andigné, ne fit pas, paraît-il, grand'chose pour la cathédrale et elle ne fut consacrée que sous le pontificat de Messire Suarès d'Aulan, en 1755.

Une inscription, assez longue, peinte, primitivement, en noir, à côté du bénitier du transept nord, et gravée, plus tard, sur une plaque en marbre blanc, placée autrefois en dessous de la tribune de l'orgue et qui se trouve aujourd'hui dans le déambulatorium, rappelle le souvenir de cette cérémonie qui dut être des plus imposantes et à laquelle six évêques prirent part, sans compter le prélat consécrateur, Monseigneur de Montillet, archevêque d'Auch.

Voici l'inscription :

D. O. M
HANC. BASILICAM
VETVSTATE DIRVTAM, TVM CLERI TVM
FIDELIVM LARGITIONIBVS È FVNDAMENTIS
REÆDIFICATAM, ANTISTITIS SENATVSQVE
ECCLESIÆ CATHEDRALIS MVNIFICENTIA
ALTARI MARBOREO DECORATAM SOLEMNI RITV·
JVXTA PRISCVM ECCLESIÆ MOREM PROVIN-
CIALIS CLERI AVSCITANI CONTENTVS
CONSECRAVIT
VIRGINIQVE DEIPARÆ
IN CŒLOS ASSVMPTÆ
NVNCVPAVIT
RELIGIOSVM CVLTVM EXSEQVENTIBVS :
ILLᵐᵒ AC.Rᵐᵒ JOANNE FRANCISCO DE MONTILLET
ARCHIEPISCOPO AVSCITANO
ILL. AC R. FRAC. DE SARRET GAVJAC
EPISCOPO ADVRENSI
ILL. AC R LVD. MARIA DE SVARES D'AVLAN.
HVJVSCE ECCLESIÆ EPISCOPO

ILL. AC. R. FRANC DE REVOL EPO OLERONENSI
ILL. AC. R. GVILLEL. D'ARCHES EPO BAIONENSI
ILL. AC. R. PET. DE LA ROMAGERE. DE. ROSENCY
EPISCOPO TARBIENSI
ILL. AC. R. JOSEPH DE Sт-ANDRE DE VERCEL
EPISCOPO CONSERANENSI ;
VT DOMVS DOMINI
CONCORDI PRÆSVLVM MINISTERIO
SANCTIFICATA SIT SEMPITERNVM DEI
CVM HOMINIBVS
TABERNACVLVM
AQVENSIVM DECVS
NECNON AVITÆ FIDEI
MONIMENTVM (sic)
ANNO REPARATÆ SALVTIS MDCCLV
XVI KALENDAS FERRVARII

L'autel dont il est question dans cette inscription est,
évidemment, le maître-autel. Il est un des plus remarquables chefs-d'œuvre exécuté par des artistes italiens,
installés, croit-on, à Pau, au XVIII⁰ siècle et auxquels on
doit aussi attribuer ceux de Pouillon et de Sorde. C'est
probablement l'un de ces sculpteurs émérites qui est
l'auteur des deux anges adorateurs, en marbre blanc, qui
décorent celui de Dax et qui font l'admiration de tous les
connaisseurs.

Le rétable monumental et l'autel de la chapelle de la
Vierge, placée dans le transept Sud, sont aussi à signaler
aux amateurs de belles choses qui en remarqueront, comme
pour le maître-autel, les fines sculptures et la variété des
marbres, venus tous d'Italie, qui en composent les divers
panneaux et surtout ceux des colonnes et du fronton du
rétable.

Le nom d'un de ces artistes se trouve inscrit sur le

tailloir d'un des chapiteaux du chœur de l'église du Mas d'Aire. On y lit en effet : « *Mazeti fecit opus, anno 1771.* »

Il y avait, il y a quelque temps encore, sept petits autels autour du chœur et deux autres dans le bas-côté Nord. Ils appartenaient tous, à l'exception d'un seul, aux diverses confréries ou corporations d'ouvriers dont certaines ont persisté jusqu'à nos jours en se transformant en sociétés de secours mutuels.

C'est ainsi que les couturières et les tailleurs avaient leur chapelle, dédiée à sainte Luce, à l'entrée du déambulatorium, au Nord, où est aujourd'hui l'autel saint Bernard. Venaient ensuite, en contournant le chœur, l'autel de saint Eloi, patron de tous les ouvriers travaillant les métaux et celui des travailleurs du bois, sous le vocable de saint Joseph. Ce dernier a été consacré depuis à notre vénéré compatriote saint Vincent de Paul, et la chapelle de saint Joseph a été transférée à gauche de la porte de la sacristie.

L'autel du Sacré-Cœur, quoique paraissant ancien par sa forme et par son ornementation, est de construction récente et a remplacé celui de la Sainte-Croix.

L'ancien autel de saint Eutrope, patron des jardiniers, était à la place de celui qui est aujourd'hui dédié à Notre-Dame de Lourdes et celui qui est à côté appartient toujours à la Société de saint Crépin.

Ceux de saint Pierre et de saint Michel, patron des tonneliers, étaient dans le bas-côté Sud. Ils ont disparu depuis longtemps.

Ceux de saint Eloi, de saint Vincent de Paul, de sainte Luce, de saint Joseph et de Notre-Dame de Lourdes sont aujourd'hui complètement neufs ou dénaturés par les réparations qu'ils ont subies, et il ne reste du XVIIIᵉ siècle que celui de saint Crépin qui offre encore pour les archéologues un certain intérêt.

Le tombeau et son ornementation sont du style Louis XV, le plus pur ; le tabernacle, sur la porte duquel est sculpté un ostensoir à la même forme chantournée que le tombeau et le rétable est composé de six panneaux dont un représente les outils des cordonniers et un autre ceux des selliers qui, eux aussi, étaient anciennement confrères de saint Crépin. Cette confrérie célèbre encore sa fête à cet autel et elle conserve deux de ses anciens privilèges, dont elle est toujours fièrement jalouse : celui de tenir ses réunions dans une des salles de la sacristie, et celui de porter le dais aux processions de la Fête-Dieu.

Les anciennes orgues, composées de 30 jeux, avaient été, dit-on, excellentes jusqu'au passage des Anglais, à Dax, en 1814. Elles furent alors complètement abîmées par deux officiers étrangers et on vient de les remplacer par un instrument beaucoup plus complet, comptant 42 jeux tandis que le premier n'en avait que 30. Le premier avait été construit en 1786, par un nommé Micau, facteur toulousain qui jouissait d'une certaine réputation, au XVIII° siècle ; le second est l'œuvre de M. Méalle de Bordeaux.

On a eu le bon esprit de conserver le vieux buffet qui est un véritable monument, d'un grand style, très orné et paraissant plus ancien qu'il ne l'est, en réalité. Son plan semble remonter au règne de Louis XIV. Il est vrai qu'il a dû falloir de longues années pour l'exécuter.

On sait qu'il a été fait par un Dacquois, nommé Caular, maître menuisier resté célèbre, dont l'atelier était situé rue des Barnabites. C'était un arrière grand-oncle des MM. Lalanne qui, eux aussi, ont attaché leur nom à notre cathédrale dont ils ont exécuté d'une façon qui leur fait honneur, comme entrepreneurs, les travaux de réparation.

L'un d'eux, M. Alexandre, vient de diriger, comme architecte, la reconstruction du portail gothique et, pour ce travail difficile, il mérite aussi nos félicitations, ainsi que notre collègue M. Ducamp qui l'a entrepris.

On racontait jadis, à Dax, que le bois qui a servi à la confection du meuble gigantesque qui contient nos orgues provenait d'un groupe de châtaigniers qui se trouvaient sur *la lande de la justice* et dont les branches avaient souvent servi de potence pour la pendaison des condamnés à mort.

Ce qu'il y a de sûr c'est que ce buffet est bien en bois de châtaignier et que c'est une œuvre remarquable.

Comme dans beaucoup d'églises, il est double, il y en a deux en réalité : celui du positif, ou petit orgue, encastré dans la balustrade de la tribune et celui du grand orgue, placé derrière, à une certaine distance, et dont le sommier atteint la hauteur de la partie supérieure du premier. Celui-ci est haut de plus de huit pieds, puisque ses bourdons ont cette hauteur ; le second dépasse seize pieds, car ses bourdons ont cette dimension. Le clavier est entre les deux.

Les sommiers sont ornés de belles sculptures, celui du grand orgue surtout ; il laisse voir de chaque côté du positif, deux pendentifs composés de têtes d'anges super-posées qui produisent un très bon effet.

La boiserie et les tuyaux du petit orgue sont disposés de façon à former deux panneaux entre trois colonnes faites de faisceaux des plus gros de ces tuyaux.

La colonne médiane est surmontée d'un ange qui sonne de la trompette et, celles des côtés, de deux grands vases d'où s'exhale la fumée de parfums.

Le grand orgue est, lui aussi, divisé en panneaux

séparés par des colonnes. Ils sont au nombre de quatre et il y a, par conséquent, cinq colonnes. Les plus grandes sont aux deux extrémités et le dessus forme une gracieuse courbe, sculptée avec goût, qui se relève entre chaque colonne. Sur celle qui est au centre, on y voit une lyre, coupée en diagonale, d'une flûte et d'une palme entre-croisées ; sur les suivantes des vases à parfums, à peu près semblables à ceux du positif et sur celles des côtés, deux immenses urnes garnies de fleurs.

Le sommier du positif est aujourd'hui en pierre sculptée.

Celui du grand orgue a cinq panneaux droits, en bois, correspondant à ceux formés, en dessus, par les tuyaux, et ayant dans le haut, pour toute décoration une guirlande de fleurs, qui a vraisemblablement servi de modèle à celles qui viennent d'être sculptées, extérieurement, sur la partie maçonnée des grandes baies de la cathédrale, qu'on a eu la malencontreuse idée de fermer à moitié pour masquer la voûte des bas côtés qui les coupe en deux.

La porte du transept Nord est contemporaine de la cathédrale, néo-grecque. Ses dimensions sont très grandes, aussi l'a-t-on divisée en deux battants et en une imposte double, séparés par un dormant en forme de croix.

L'imposte et les battants sont faits d'une infinité de petits panneaux composés, chefs-d'œuvre de menuiserie du commencement du règne de Louis XV.

La croix du dormant est admirablement sculptée. C'est, elle aussi, une véritable guirlande de fleurs, entremêlées de fruits et de petits anges qui semblent sortir de dessous les fleurs.

Malheureusement ces gracieuses sculptures sont recou-vertes d'une couche épaisse de peinture verte qui fait que bien peu de personnes les remarquent.

Cette porte est à conserver et une fois grattée et réparée avec soin elle produira un très bon effet. Nous n'en dirons pas autant de la chaire à prêcher. Malgré ses panneaux à point de diamant et l'aigle grandeur naturelle, aux ailes déployées, sur lequel elle repose, et qui provient vraisemblablement d'un ancien lutrin, elle est loin d'être digne de notre belle église.

L'aigle dont nous venons de parler nous rappelle un vieux dicton populaire que tous les anciens dacquois connaissaient et qui, comme beaucoup d'autres traditions plus importantes, est tombé aujourd'hui en désuétude. Quand jadis une personne qui n'avait pas assisté à un sermon, à la cathédrale, demandait à un auditeur le sujet de ce sermon, ou plutôt comme on le dit vulgairement, *sur quoi le prédicateur avait prêché ?* on lui répondait invariablement : « *il a parlé sur l'aigle* ». Espérons qu'avant longtemps on ne pourra plus le dire.

Les quatre cloches sont nouvelles, mais l'une d'elles provient de la refonte d'une de celles de l'ancienne église gothique. Elle portait sur une bande, autour du cerveau, une inscription contenant presque tout l'*Ave Maria,* et en dessous, sur un ruban de feuillages, de distance en distance, ces mots « *Ave Maria, Te Deum Laudamus* ».

Signalons enfin, à l'admiration de ceux qui savent apprécier les belles étoffes anciennes et les belles broderies de magnifiques ornements, provenant du couvent des Ursulines qui existait avant la Révolution dans les locaux occupés actuellement par l'école normale d'instituteurs. Ils viennent d'être découverts dans un vieux placard de la sacristie par notre nouvel archiprêtre, M. le chanoine Collongue, qui a eu la bonne idée de les faire réparer par les mains habiles des dames de l'Œuvre des Tabernacles. Qu'il veuille bien accepter nos sincères félicitations, pour le bon goût et le sentiment artistique dont il a fait preuve à cette occasion (1).

L'achèvement de notre église est aujourd'hui complet. Le souvenir de cet important travail et de ceux à qui on le doit sera, comme celui des premiers édificateurs de ce magnifique temple chrétien, conservé par une inscription que M. l'archiprêtre Lorreyte a fait graver sur le fronton de la nouvelle porte donnant sur la place des Tilleuls. On y lit en caractères imités dans l'antique, comme son style :

D. O. M.

TEMPLVM HOC. PIIS. AQUENSIVM. LARJITIONIBUS
ET. INTEGRE. REPARATVM ET. HISCE. GEMELLIS
TURRIBVS. AVCTVM. FUIT. ANNO DOMINI
MDCCCXCIV

J.-E. D., G. C.

---

(1) Ces ornements seront l'objet d'une communication spéciale à une des prochaines réunions de la Société de Borda.

Portail de la Cathédrale Gothique (XIII° siècle).

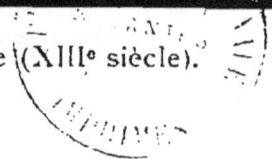

ANCIENS

ORNEMENTS SACERDOTAUX

DE LA

CATHÉDRALE DE DAX

LES Archéologues, et tous ceux qui s'occupent d'art ancien, attachent aujourd'hui une grande importance à la recherche, à la description, et surtout à la conservation, du mobilier des églises, des vases sacrés antiques, et des tapisseries qu'on rencontre souvent dans les trésors des sacristies des villes et des abbayes et jusque dans les plus modestes chapelles, et enfin des ornements sacerdotaux, dont plusieurs, et c'est le cas de ceux dont nous allons nous occuper, sont de véritables chefs-d'œuvre de broderie.

Des mandements épiscopaux, parmi lesquels celui de notre savant évêque, Monseigneur Delannoy, est à citer, et des circulaires du Ministère des Beaux-Arts recommandent, les premières au clergé paroissial, les autres aux autorités civiles et aux Sociétés Savantes, ces restes

du passé, qui méritent autant d'attention, autant de soins, et même plus, que les monuments, car ils sont plus fragiles et qu'ils sont exposés à un danger que ne courent pas les immeubles n'excitant pas la convoitise des marchands d'antiquités et des brocanteurs qui dévalisent nos églises et nos châteaux.

Nous ne saurions trop recommander aux prêtres qui nous feront l'honneur de nous lire, de se méfier de ces exploiteurs parcourant nos campagnes en leur offrant des prix qui ne sont avantageux qu'en apparence, ou des échanges, aussi trompeurs, d'objets neufs contre d'autres qu'ils disent être démodés. Nous leur serions, en outre, très reconnaissants de s'adresser à nous s'ils éprouvent quelques doutes sur la valeur d'objets antiques qu'ils peuvent avoir, de nous les signaler parce que, comme les monuments, ils appartiennent à notre histoire locale et peuvent nous fournir des indications précieuses pour nos recherches. C'est ce qui fait que nous n'hésiterons pas à donner une place, à l'étude que nous en ferons, dans notre Aquitaine Historique et Monumentale.

Les ornements sacerdotaux anciens sont très rares, surtout dans notre contrée. Avant de parler de ceux de notre cathédrale, nous croyons devoir, car nous écrivons, non seulement pour les savants, mais aussi et surtout pour ceux de nos compatriotes qui sont peu au courant des choses anciennes que nous cherchons à leur faire apprécier, dire quelques mots des vêtements divers que portent les prêtres catholiques dans les cérémonies religieuses.

Les principaux sont : la chape, la dalmatique et la chasuble avec ses accessoires.

La chape appelée aussi *impluvium*, parce que les prêtres s'en servaient comme d'un manteau dans les processions, est probablement le plus ancien des ornements. Ce n'était primitivement que la *lacerna,* empruntée par les Romains aux Gaulois, peut-être même aux Aquitains, car la description qu'en donnent Rich et les autres auteurs s'applique exactement au grand *mandill,* que portent encore, ou que portaient naguère, dans les cérémonies funèbres, les paysans des Pyrénées et de la Chalosse. Comme cette cape, la *lacerna* avait en effet un capuchon, elle était ouverte par devant et fermée sur la poitrine par une fibule ou grande boucle métallique. La chape n'a plus le capuchon qui a été remplacé par des ornements formés de galons ou de broderies, mais elle a conservé la boucle en métal sur la poitrine.

La plus ancienne chape connue est celle conservée à la cathédrale de Metz et qui, d'après la tradition, avait été donnée par Charlemagne. Elle est en soie rouge ; on y voit des aigles aux ailes déployées, d'un très beau style et des entrelacs et autres dessins de l'époque mérovingienne, en broderies de trois couleurs, jaune, bleu et vert.

La dalmatique prise par les Romains aux Dalmates, fut adoptée par l'église, comme vêtement sacerdotal de cérémonie. Primitivement, le Saint Père la portait seul, et il accordait seulement à quelques évêques le droit de la porter aussi, comme distinction ou récompense, comme on le fait de nos jours pour le *pallium.* Aujourd'hui on ne voit guère revêtir la dalmatique que par les diacres et les sous-diacres, aux messes solennelles, les chantres qui portent les antiennes, et les prêtres qui assistent l'officiant dans les processions et les grandes cérémonies.

Les dalmatiques n'ont plus les manches qu'elles avaient, à l'origine. Elles sont ouvertes des deux côtés et ressemblent à de longues chasubles, coupées en carré, et aussi longues devant que derrière.

Les dimensions de la chasuble ont été considérablement

réduites. Dans le principe, elles étaient assez amples pour envelopper le corps du prêtre, de la tête aux pieds, comme de petites maisons, de là leur nom de *casula,* petite case. On les appelait aussi des comètes. C'étaient d'immenses *ponchos* mexicains, avec un trou pour passer la tête.

Pendant plusieurs siècles la *planète* fut commune à tous les ordres ecclésiastiques ; elle ne devint le vêtement spécial du prêtre, pour dire la messe, qu'après l'aube, *colobium,* et l'étole, qui étaient depuis très longtemps portées par les officiants.

A l'époque romane, les tissus dont étaient faits les chasubles et les autres vêtements sacrés, venaient de l'Orient. Ces étoffes étaient décorées de broderies les plus riches, ornées d'or et de pierreries et même de peintures les plus délicates, représentant généralement des animaux fantastiques. On conserve encore quatre types bien remarquables de chasubles du XIIᵉ siècle : celle de Rambert-sur-Loire, décrite par M. l'abbé Bouet et reproduite par M. de Caumont, dans son Archéologie Sacrée ; celle qui se voit dans le trésor de Saint Sernin, de Toulouse et celles de Saint Thomas de Cantorbéry à Sens et à Tournay.

Au XIIIᵉ siècle les tissus se modifièrent, dit M. de Caumont, sous divers rapports : on vit apparaître parmi les sujets qui les décoraient les armoiries des donateurs et même des personnages, comme dans les vitraux. On alla jusqu'à dessiner sur certaines chasubles les portraits de tous les évêques qui avaient gouverné le diocèse depuis sa fondation. Ces chasubles historiées s'appelaient des *chasubles diptyques.* M. l'abbé Marteguy, dans son Dictionnaire des Antiquités Chrétiennes, parle d'une chasuble de Ravène, sur laquelle sont reproduites les images de trente-cinq évêques de Vérone.

Après la Renaissance, au XVIIe, et surtout au XVIIIe siècles, il s'opéra encore un nouveau changement : les ornements furent faits avec des soieries de provenances diverses et avec des *brocarts* brochés d'or ou d'argent. Les personnages firent place à des ornements végétaux, surtout à des fleurs, à des guirlandes polychromes et à des galons brodés à même sur l'étoffe, en fil mat d'or ou d'argent, un peu lourds et ayant un aspect particulier facile à reconnaître, surtout ceux du règne de Louis XIV. Les personnages ne disparurent cependant pas complètement.

Souvent les ornements furent faits avec des vêtements profanes, avec d'anciennes robes de cérémonie et, quelquefois même, avec des rideaux ou des tentures de lits. Nous verrons qu'il en est probablement ainsi de plusieurs de ceux de Dax.

Notre petit trésor — nous croyons que nous pouvons l'appeler ainsi, sans exagération — se compose de deux ornements complets pour la messe, de deux dalmatiques, d'une chasuble, d'un tour de chaire et de deux ou trois coupons d'étoffe restés en trop après la confection de ces divers ornements, ce qui vient confirmer ce que nous venons de dire de la provenance profane de certains d'entr'eux.

Personne ne soupçonnait plus l'existence de toutes ces richesses et ceux qui les avaient connues autrefois en avaient complètement perdu le souvenir. Cependant les paroissiens les plus âgés les ont parfaitement reconnues quand ils les ont revues, et plusieurs nous ont dit que, il y a bien longtemps, on s'en servait pour les grandes fêtes, surtout du tour de chaire. Deux dames nous ont même assuré qu'il était de tradition, qu'ils provenaient de l'ancien couvent des Ursulines et que c'étaient les religieuses de cet ordre, établi à Dax depuis 1654, qui les avaient brodés. La chose est possible pour certains, mais elle est peu vraisemblable pour la chape et pour d'autres pièces, nous l'admettrions assez volontiers pour le voile du calice qui accompagne la plus belle des deux chasubles et qui est on ne peut plus remarquable, comme composition artistique et comme exécution. On se rend facilement compte en l'admirant de la patience et de l'habileté qu'il a fallu pour le broder. Nous ne connaissons rien d'aussi beau dans ce genre et nous aurions voulu pouvoir le reproduire comme nous le faisons pour l'une des chasubles, mais, malheureusement, il nous a été impossible d'en obtenir une bonne photographie, et un dessin à la plume aurait exigé des yeux, que nous n'avons plus, et un talent que nous avouons humblement n'avoir jamais eu.

Le tissu dont est fait ce voile est du satin blanc, mais, de loin, on croirait que c'est un brocart d'or et d'argent, car il est complètement recouvert de petites perles métalliques qui lui donnent un reflet tout particulier. Il est encadré d'une broderie d'or, formant galon, dont les dessins sont bien moins archaïques que ceux du reste de l'ornement ; de grosses roses et d'autres fleurs, de diverses couleurs, sont semées, avec art, sur toute la surface. Elles sont brodées, au plumetis, en soie de Chine, dont les couleurs, quoique un peu pâles, sont admirablement conservées.

Au centre, se voit un médaillon, entouré de rayons de gloire, en or, dans lequel est dessinée en broderie une Vierge tenant l'Enfant Jésus dans ses bras, d'une exécution si parfaite qu'on dirait une peinture. Sa robe est bleue et les manches en sont rouges. Leur forme est une véritable date et ne permet pas de la faire remonter plus haut que le règne de Louis XV. La Vierge et le Divin Enfant portent, au cou, des colliers de perles fines, et aux bras des bracelets semblables à ces colliers.

Dans le haut du voile se trouve la représentation, si usitée dans nos contrées, du Saint-Esprit, sous la figure d'une colombe, déployant ses ailes et tenant un cœur à son bec. On pense, involontairement, en la voyant, à ses bijoux, malheureusement disparus, connus on ne sait pourquoi sous le nom de *Jeannettes* que portaient suspendus au cou, par un ruban de velours, les femmes mariées, dans les Landes et les départements voisins.

Comme nous l'avons déjà dit, ce voile est, pour nous, moins vieux que le reste de l'ornement auquel on l'a ajouté. Cet ornement est en effet en brocart d'argent. (voir la planche.) Il est orné de guirlandes de fleurs aux nuances vives, on ne peut plus gracieusement disposées et séparées, les unes des autres, par des torsades de rubans. La soie de Chine, avec laquelle les fleurs sont brodées, est aussi d'une conservation étonnante, les couleurs rouge, jaune, bleu et vert, sont d'un naturel et d'un agencement surprenants, il est impossible de voir rien de plus beau comme travail de ce genre.

La croix dorsale et les autres galons qui entourent la chasuble, l'étole et la manipule, sont brodés à même sur leur brocart et les dessins qui la composent sont ce qu'il y a de plus classique comme formes attribuées au règne de Louis XIV. Cet ornement a du reste, paraît-il, les plus grands rapports avec celui donné par ce roi à l'église de St-Jean-de-Luz, en souvenir de son mariage. Nous n'avons pas pu encore les comparer (nous le ferons prochainement), mais la chose nous a été affirmée par des personnes entendues qui les ont vues les deux et qui leur trouvent aussi une certaine ressemblance avec ceux compris dans le trésor de l'église de Fontarabie, en Espagne.

Le second ornement de Dax est beaucoup plus simple que celui que nous venons de décrire : il est en satin blanc, avec des guirlandes de fleurs plus clairsemées, et plus pâles. On le trouverait cependant bien beau si on le voyait avant l'autre.

Les Dalmatiques lui ressemblent beaucoup. Elles sont aussi satin blanc, avec guirlandes de fleurs et de feuillages vert, bleu, rouge et jaune. Leurs couleurs sont également moins vives que celles du premier ornement. Celles qui s'en rapprochent le plus, comme vivacité, sont celles du tour de chaire et des coupons, qui sont ornés de magnifiques guirlandes de fleurs séparées par des bouquets, et de broderies en or mat. Comme notre collègue, M. Mercier, qui les a examinées avec un soin qui égale sa compétence, nous croyons sérieusement que ces étoffes doivent provenir de la toilette d'apparat d'une grande dame du temps de Louis XIV.

La provenance profane de la chape est encore moins douteuse. Le brocart dont elle est faite, pour ainsi dire, de pièces et de morceaux, a appartenu évidemment aussi à une robe antique et la bordure à grandes fleurs, composée comme la chape elle-même, de morceaux ajoutés bout à bout, a dû appartenir, à l'origine, à des tentures. Quoiqu'il en soit, tous ces ornements sont réellement très beaux et ils constituent, nous ne craignons pas de le répéter, un petit trésor dont les paroissiens de Notre-Dame ont le droit d'être fiers et à la conservation duquel ils devront veiller avec le plus grand soin.

Nous devons la découverte de ces belles choses à notre nouvel archiprêtre, notre éminent collègue de la Société, M. le chanoine Collongue qui, mieux que personne, sait les apprécier et que nous sommes heureux de pouvoir remercier ici de nous avoir fait part de sa trouvaille et de nous en avoir si aimablement facilité l'étude.

J.-E. D., G. C.

Chasuble ancienne de la Cathédrale de Dax (XVII° siècle).

LES

VIEUX USAGES LOCAUX

OTRE éminent et si sympathique collègue, le comte Isidore Salles, déplore, avec raison, dans une de ses plus jolies poésies gasconnes, la disparition progressive, non seulement des anciennes traditions et des vieilles coutumes de l'Antique Aquitaine, mais encore le mépris que, au nom de la civilisation et du progrès, il est de mode aujourd'hui d'affecter pour tout ce qui constituait notre originalité de race et contribuait à entretenir notre patriotisme local.

Pour donner, à nos lecteurs étrangers, une idée de notre idiome national, qui, hélas ! lui aussi, finira par disparaître, malgré les efforts tentés par les linguistes et par les littérateurs modernes, nous croyons devoir reproduire, en tête de notre mémoire, ce sonnet, vrai modèle du genre, aussi vrai dans le fond, que gracieux dans la forme :

ADIU GASCOUNHE !

Amics, birade qué-s l'arrode,
Tout qu'és chanyat en lou pays :
Touts que s'amaquen à le mode ;
Touts que parlen com à Paris !

Lou paysan ne sap pas me hode,
Tout moussuret qué's dits marquis,
Le hilhe d'ou moulié que brode,
Lou crabé porte chapèu gris.

Adiu mesture ! Adiu garbure !
Le grache que hèy place au burre,
Lous pichés s'apèren *flacouns !*

L'ancien parla que hèy bergougne,
E so que manque à le Gascounhe,
Diu me-dau ! que soun lous gascouns !

ADIEU GASCOGNE !

Amis la roue a tourné,
Tout est changé dans le pays,
Tous s'habillent à la mode,
Tous parlent comme à Paris !

Le paysan ne sait plus labourer,
Tout petit monsieur veut être marquis,
La fille du meunier brode,
Le chévrier porte chapeau gris.

Adieu méture ! (1) Adieu garbure ! (2)
La graisse a fait place au beurre,
Les *pichés* (3) s'appellent *flacons !*

On a honte de l'ancien langage,
Et ce qui manque à la Gascogne,
A Dieu je me donne (4), ce sont les Gascons !

---

(1) Pain de farine de maïs.

(2) Soupe aux choux spéciale à la Gascogne et au Béarn.

(3) Le *piché* est petit pot en terre que l'on mettait sur la table au lieu de bouteilles.

(4) Diu me-dau, à Dieu je me donne, juron atténué de Diu-Biban, qui est le grand jurement gascon et béarnais.

Il y aurait beaucoup à dire sur notre vieux langage
Aquitain et sur la question si intéressante de savoir s'il
dérive du latin vulgaire, ou s'il n'est pas d'importation
ligurienne, et ne remonte pas à une source commune avec
le latin, mais ce n'est pas ici le lieu de traiter un pareil
sujet et nous ne pouvons que renvoyer ceux qui voudront
l'étudier à ce que l'un de nous en a déjà dit dans son
ouvrage ayant pour titre « *Les Landes et les Landais* » (1)
et aux nombreux articles publiés dans nos Bulletins par
M. l'abbé Beaurredon, qui va faire paraître encore, dans
celui du mois de décembre prochain, une savante étude de
la *Phonétique Gasconne.*

Nous nous bornerons, aujourd'hui, à signaler les vieilles
mœurs, les anciens usages, surtout ceux qui, comme
l'antique costume national, tendent à disparaître ; nous
parlerons aussi, mais brièvement, des vêtements usités
autrefois dans la contrée, ainsi que des instruments
aratoires et des ustensiles de ménage propres à notre
région. Notre programme est assez vaste et mériterait de
longs développements. Nous pourrions y ajouter cependant
des choses bien intéressantes encore, par exemple, les
chants et les contes populaires, déjà sérieusement étudiés
par MM. Arnaudin et Joseph de Laporterie. Nous aurons
l'occasion d'en dire quelques mots, nous aussi, dans le
cours de nos recherches sur les habitudes de nos paysans
aquitains, qui accompagnent les principaux actes de leur
existence rurale de chants spéciaux dont la musique, plus
vieille encore que les paroles, pourrait être comparée avec
celle connue des peuples les plus anciens, ce qui donnerait
sur leur origine ethnique des renseignements aussi précieux
que ceux fournis par la linguistique et l'anthropologie.

---

(1) Les Landes et les Landais. — Histoire et Archéologie, par
M. J.-E. Dufourcet. — Dax, impr. Labèque, 1892.

Une chose bien ancienne qui subsistera, parce qu'elle est nécessaire avec la manière dont sont placées les habitations rurales, dispersées dans la campagne, au centre de chaque exploitation, comme l'était l'*insula romaine,* c'est l'organisation du voisinage, *lou béziaou,* ou *béziatye,* l'ancien *jus vicinitatis* du Digeste, qui impose aux habitants d'une maison des devoirs envers ceux des maisons les plus rapprochées et leur donne le droit d'exiger de ceux-ci des services, réglés par l'usage, qu'ils sont obligés de leur rendre, même — ce qui arrive souvent — lorsqu'ils sont brouillés avec eux. Ces droits et ces devoirs entre voisins existent bien, un peu partout, même dans les agglomérations urbaines, mais nulle part ils ne sont aussi variés et aussi bien réglés qu'en Gascogne.

Chaque maison de maître ou de métayer a un certain nombre de voisins et de *contre-voisins.* Les obligations de ces derniers sont moins nombreuses que celles des voisins proprement dits et surtout que celles du *premier voisin,* qui joue un grand rôle, surtout à l'occasion des naissances, des baptêmes, des mariages et des décès et s'en acquitte toujours avec un dévouement qui excite l'admiration de ceux qui les voient à l'œuvre.

Le *béziatye* est un petit groupe et une subdivision du quartier, qui en est, lui-même, une de la paroisse ; il forme une sorte de communauté, régie par des règles que tous les intéressés respectent scrupuleusement, car elles établissent des obligations et des droits réciproques dont tous profitent et ont égal besoin.

Lorsqu'une naissance va se produire dans une maison, souvent éloignée du village, loin de la demeure d'une sage-femme ou d'un médecin, ce sont les voisines qui entourent la patiente et la soignent, ainsi que le nouveau-né. S'il ne se produit pas de complications, on n'a même pas recours ni à l'*accoucheuse,* ni au docteur.

Les voisines préparent aussi le repas qui suit le baptême dont tous les détails ont été réglés par le premier voisin, qui va prévenir et chercher le parrain et la marraine, avertir les parents et les invités et tout organiser pour la cérémonie religieuse. C'est la première voisine qui porte l'enfant à l'église. Une autre porte aussi une aiguière remplie d'eau et une belle serviette, qui doivent servir à l'officiant pour se laver les mains après la cérémonie.

Le premier voisin fait aussi les invitations pour les mariages et il va souvent très loin, toujours à pied, armé de son *makila* (bâton basque), qui lui sert à se défendre des chiens — ce qui lui a fait donner, par dérision, le nom de *casse-can* (chasse chien) — et est destiné aussi à un autre curieux usage ; toutes les jeunes filles qui acceptent son invitation, doivent attacher à la poignée du makila un ruban de couleur, ce qui fait que lorsqu'il revient rendre compte de son mandat, son bâton est orné d'un véritable flot de rubans multicolores. Nous avons vu encore, ces jours-ci, un de ces *embiledous* (inviteurs), traversant avec fierté les rues de la ville en portant la preuve des nombreuses acceptations qu'il avait recueillies.

Le jour du mariage, les voisines aident la maîtresse de maison à préparer le repas et à le servir, et, pas plus qu'elle, ne se mettent pas à table. Chose que ne fait jamais du reste, lorsqu'il y a des invités, la *daoüne,* ou maîtresse du logis.

Les voisins assistent aussi les parents de la future épouse lorsqu'ils vont en pompe porter, sur une charrette parée à cette occasion d'ornements divers, les meubles de la fiancée au domicile de son futur mari. Le lit, l'armoire et les autres objets mobiliers sont installés de façon à être bien vus et ils sont surmontés du prie-Dieu de la future, de balais richement ornés de cordons de couleur et d'une quenouille enrubannée, comme le makila de l'*embiledou.*

Le menuisier, le tailleur, la couturière et la demoiselle d'honneur *(première contre-épouse)* font partie du cortège, en tête duquel marche un jeune bouvier dont l'aiguillon est aussi orné de rubans.

Nous verrons plus loin, qu'il y a un certain nombre de demoiselles d'honneur de *countre-espouses*. Elles se cotisent ordinairement pour offrir à la future un miroir et quelquefois aussi des gravures destinées à l'ornement de sa chambre.

Naturellement, *lou porte-lleil*, c'est ainsi que s'appelle cette première cérémonie nuptiale, se termine par un copieux repas, prélude de celui de la noce.

C'est surtout pendant les maladies et quand la mort survient que les secours des voisins sont précieux : Dès qu'un paysan est sérieusement malade, ses voisins vont le visiter et offrir leurs services à la famille ; ils le soignent et le veillent avec le plus grand dévouement, et quand le dernier moment approche, on doit les appeler tous pour qu'ils viennent réciter, avec les parents, les prières des agonisants ; aussi quand on dit « *qu'an appérat lous bézins* », *on a appelé les voisins de quelqu'un,* autant vaut dire qu'il est à toute extrémité.

C'est le premier voisin qui va chercher le prêtre et le médecin, c'est aussi lui qui fait sonner l'agonie et qui, quand le malade a succombé, va tout préparer pour les obsèques, commander le cercueil et chercher la croix que l'on place devant la porte de la maison mortuaire. C'est aussi lui qui, avec l'aide des autres voisins, — il est naturellement remplacé par la première voisine, si c'est une femme qui est morte, — qui s'occupe de la dernière toilette et de la mise en bière.

Les voisins partagent entr'eux la corvée, souvent bien pénible, d'aller annoncer la mort aux parents et aux amis que la famille veut inviter à l'enterrement et qui habitent souvent fort loin ; ce sont eux aussi qui vont, au cimetière, creuser la fosse quand il n'y a pas de fossoyeur.

Le premier voisin porte la croix à la cérémonie funèbre et les autres ont tous un cierge à la main. La première voisine accompagne les parents à l'offrande.

Après l'enterrement, le cortège se reforme, comme à l'aller et voisins et invités vont à la maison du défunt et font ensemble un repas funéraire composé uniquement de pain, de fromage et de vin.

Le dimanche qui suit les obsèques, on chante, de nouveau, une absoute, appelée en gascon l'*ahouc*, à laquelle les voisins doivent encore assister en corps et qui est également suivie du pain et du fromage funéraires. En sortant de l'église, on va processionnellement prier sur la tombe.

Autrefois, les perdants portaient à ces diverses cérémonies, de grands manteaux de bure, appelés *capes* ou *mandills*, comme on en voit encore dans certaines vallées des Pyrénées et qui sont aujourd'hui remplacées par de crêpes au bras. Les femmes ont conservé le capuchon, que les élégantes commencent à remplacer par de simples voiles.

Les voisins doivent aider le métayer sortant, ou même le propriétaire qui, pour un motif quelconque, vient à déménager, à transporter ses meubles et ses récoltes à son nouveau domicile. Il leur fait ses adieux en leur donnant, à cette occasion, un dernier repas et, dès qu'il est installé dans son nouveau logis, il fait connaissance avec les voisins, toujours fixés d'avance, de sa nouvelle résidence, en les invitant ensemble à dîner. C'est ce qu'on appelle *recounèche lous bésins* (reconnaître les voisins).

Les voisins et les contre-voisins sont tenus enfin ·de

s'entr'aider pour tous les grands travaux agricoles, l'ensemencement du maîs et du froment *(les soumiailles)*, la
fauchaison et la fenaison (*en t'a dailha et ha séca hey*), la
moisson et le battage du blé (*seguères et battères*), la
vendange (*le brougne*), la récolte du maïs et l'opération qui
consiste à le débarrasser des feuilles qui entourent les épis
(*la despourguère*).

Tous ces travaux faits en commun, sont l'occasion de
véritables fêtes, qui persistent, mais qui ont perdu depuis
longtemps et perdent encore, tous les jours de leur tradi-
tionnelle originalité.

Pour l'ensemencement du maïs dont la culture, d'après
M. l'abbé Beaurredon (1), remonterait à l'époque gallo-
romaine, on convoque sinon tous les voisins, du moins un
certain nombre d'entr'eux, et particulièrement les femmes
et les enfants, suivant l'importance de la pièce à ense-
mencer.

Le savant desservant actuel de la paroisse de Saubrigues,
ancien vicaire général de la Réunion, appuie son opinion
qui paraît invraisemblable, à première vue, et qui est
cependant bien fondée, croyons-nous, sur un passage
de Pline, contenant la description d'un millet qu'un
M. Fraas (Synopsis p. 312) n'hésite pas à identifier avec le
séa des botanistes, le blé d'Inde, *l'indoun*, comme on
l'appelle encore, en gascon, dans une partie du département : « *Milium intra hos decem annos ex India in Italiam*
« *invectum est ; nigrum colore ; amplum grano, arundineum*
« *culmo. Adolescit ad pedes septem, prægrandibus culmis.*
« *Omnium frugum fertilissimum, ex uno grano terni*

---

(1) Voyage Agricole chez les Anciens ou l'Economie Rurale
dans l'Antiquité, par M. l'Abbé Beaurredon, chez Arthur Savaète,
éditeur à Paris, 76, rue des Saints-Pères.

« *sextarii, seri debet in humidis.* Il y a dix ans, on a
« apporté de l'Inde en Italie UN AUTRE MILLET de couleur
« foncée, à gros grains et à tige de roseau. Cette tige, très
« grande, monte à une hauteur de sept pieds. C'est le plus
« productif des grains ; il aime les lieux humides. Un seul
« grain produit trois setiers (un litre et demi environ). »

Où retrouverait-on cette plante, si ce n'est pas le maïs ?

Les voisins concourent aussi à divers travaux que nécessite la culture de cette précieuse céréale, notamment à *ha
lou bec,* c'est-à-dire à l'opération qui consiste à couper
avec un couteau la cîme de la plante, au premier nœud
au-dessus de l'épi, pour la faire sécher ensuite et la
transformer en un excellent fourrage, et, plus tard, à *ha
le houeille,* à faire la feuille, c'est-à-dire à enlever et nouer
en paquets toutes celles qui restent après l'écimage.

On a aussi recours à eux pour la cueillette des haricots,
travail long et minutieux. Chaque tige de maïs sert de
tuteur à un, ou même à plusieurs pieds de ce précieux
légume, ce qui fait qu'on en récolte dans le pays des quan-
tités considérables.

On attribue, avec raison peut-êre, les qualités excep-
tionnelles de la viande des bœufs engraissés en Chalosse,
pour la boucherie, à ce qu'ils sont habituellement nourris
avec le fourrage de maïs qu'on leur fait manger d'une
façon bien originale, bien pratique au point de vue de
l'économie du fourrage lui-même, mais par du temps qu'on
met à le leur faire absorber.

Chaque jour, pendant des heures entières, un homme
gorge, pour ainsi dire, ses animaux, avec des bouchons de
fourrage, qu'il leur tient un moment dans la bouche, pour
en surveiller la mastication et qu'il leur enfonce ensuite
assez avant dans le tube digestif, avec sa main, pour qu'ils
ne puissent pas le rejeter. C'est ce qu'on appelle « *pache
lou bestia* », et, pour cela, les bœufs sont attelés à une
sorte de joug placé dans le parc à bétail, *(la court),* entre
deux solides montants en bois et, souvent même, enchassé

dans une ouverture pratiquée dans le mur qui sépare l'écurie de la cuisine, de sorte que le Chalossais peut gorger ses bœufs du coin de son feu. Il existe encore, surtout dans le canton d'Amou, de nombreuses installations de ce genre, qu'on appelle, en gascon, des *ristouns* En voyage, le bouvier qui veut *pache* ses bœufs les laisse attelés à son *bros*, et il se met à genoux devant eux pour leur servir leur repas forcé, pendant les heures de repos.

La récolte du maïs se termine par un dernier travail qui nécessite le concours des voisins et des contre-voisins et donne lieu à de véritables fêtes, qui malheureusement vont en se simplifiant de plus.

Nous aurions beaucoup à dire sur les *despourguères*, si bien décrites par notre collègue, Laurent Labaigt *(Jean Rameau)*, qui excelle pour les descriptions locales, dans *Moune,* son premier roman, celui qui a le plus contribué à constituer sa réputation d'écrivain.

Tous les voisins et contre-voisins se réunissent dans la grange ou sur le *soou* (1) de celui qui les a invités et viennent l'aider à dépouiller des feuilles sèches qui les entourent les épis d'énormes tas de maïs provenant de tout ou de partie de la cueillette de l'année. Cette opération, longue et monotone, se fait pendant les grandes soirées d'automne. L'éclairage est aussi local que la récolte et consiste en une ou plusieurs chandelles de résine supportées par d'énormes chandeliers en bois, surmontés d'une fiche en fer, fendue en pince, et appelée en gascon la *glèbe,* semblable à celles qui se trouvent dans toutes les immenses cheminées des cuisines de la Chalosse.

Les dépouilleurs *(despourguedous)* sont nombreux ; ils sont quelquefois trente ou quarante et, pour se distraire, de sept heures du soir à minuit, ils commencent par chanter,

---

(1) Le *soou* est un grand hall servant de grange qui occupe la partie médiane des fermes du pays Nous aurons à en parler de nouveau.

soit des chœurs, dont la mesure très lente est marquée par les divers mouvements, faits avec un ensemble remarquable, que comprend le dépouillement du maïs, soit, pour varier, des solos exécutés par les meilleurs artistes du cru.

Jusqu'à ces derniers temps, ces divers chants se composaient, presque uniquement, de cantiques et de vieilles chansons, dont les plus récentes, en français, remontaient au XVIIIᵉ siècle et dont les plus vieilles, en gascon, dataient, peut-être, du XIIIᵉ ou du XIIᵉ. Aujourd'hui, on les chante bien encore, mais on y ajoute des actualités rapportées du régiment par les jeunes gens et des complaintes achetées à la foire voisine.

Une des chansons françaises les plus répandues est évidemment contemporaine de la dernière guerre de Louis XIV contre les Hollandais. Elle raconte le *malheureux sort* d'un milicien qui a déserté pour l'amour de sa belle et qui est condamné à mort. Elle se termine par les deux couplets suivants :

Sol. dat de mon pa. ys ne le di-tes pas à ma mè _ re mais dites lui plus tôt que je suis à Ba. deaux pris par les Hol lan. dais qu'elle ne me _ _ _ ver-ra Ja. mais

Soldats de mon pays
Ne le dites pas à ma mère (bis)
Mais dites lui plutôt
Que je suis à Bordeaux
Pris par les Hollandais
Qu'elle ne me verra jamais.

Que l'on mette mon cœur
Dedans (sic) une serviette blanche (bis)
Qu'on l'envoie au pays
A mes très chers amis
En disant voici le cœur
De votre serviteur.

Un des chants gascons les plus conservés peut-être, parce qu'il permet aux poètes locaux d'exercer leur verve et leur imagination, en y ajoutant, comme dans les chansons des noces, de nouveaux couplets, est celui dans lequel on raconte les choses extrordinaires qu'on a vues et qui vont de plus en plus fort de façon à ébahir les chanteurs précédents. Voici deux exemples de cet exercice, plus ou moins poétique, sur un air que les spécialistes trouveront, nous n'en doutons, bien vieux :

A l'homi, à l'homi, nou sis pas ta bantayre,
Tu n'as pa bis tout ço que you ey bis ;
Qu'ey bis lou crapaout
Que mountèbe à chibaou
Dab l'espade aou coustat
Hardit coum un sourdat.

A l'homi, à l'homi nou sis pas ta bantayre,
Tu n'as pa bis tout ço que you ey bis,
Qu'ey bis l'agasse
Que hazé le grâche
E lous agassouns
Que mignèben lous chichouns

O homme ne sois pas si vantard,
Tu n'as pas vu tout ce que j'ai vu ;
J'ai vu un crapaud
Qui montait à cheval
Avec l'épée au côté
Hardi comme un soldat.

O homme ne sois pas si vantard,
Tu n'as pas vu tout ce que j'ai vu ;
J'ai vu la pie
Qui faisait la graisse
Et les petites pies
Qui mangeaient les rillettes.

Après les chanteurs, c'est le tour des orateurs et des *eonteurs d'histoires* plus ou moins fantastiques, même de celles des *Quatre fils d'Aymon*, de *Roland* et de l'infortuné *Rey d'Artus*, condamné à chasser dans les airs avec sa meute, pendant toute l'Eternité, parce qu'il aurait quitté la messe, un dimanche, pour se rendre à la chasse ; et qui, tous les sept ans, prend une mouche, au lieu d'un lièvre.

Le conteur, naturellement, prétend avoir souvent entendu passer, dans les nuages, pendant la nuit, les chiens hurlants de l'infortuné prince breton.

La soirée se termine, le plus souvent, par un petit repas,

composé de méture rôtie et de châtaignes arrosées de vin nouveau, Comme ils doivent aller, à tour de rôle, dépouiller successivement chez tous leurs voisins, nos paysans passent ainsi, pendant près d'un mois, toutes leurs soirées à des despourguères, celles des dimanches exceptées.

L'égrenage du maïs se fait aujourd'hui à la vapeur, dans les grandes exploitations ; dans les petites, on emploie encore les moyens usités depuis longtemps : soit la serpe (*lou poudot*), à l'aide de laquelle on fait tomber les grains en frappant doucement, d'une main, l'épi que l'on tient de l'autre ; soit la grande corbeille *(desquilledère)*, dont le fond en planches percées de trous, est monté sur des pieds, et remplie de maïs sur lequel on tape avec force, avec des mailloches spéciales, appelées *pises*, qui servent aussi à battre la graine de lin, et que l'on passe, alternativement, de la main droite à la main gauche ; soit d'immenses *clies*, faites de brandilles de bois peu serrées, entrelacées autour de montants et de traverses, plus solides, formant la charpente de l'appareil sur lequel quatre hommes donnent au maïs de grands coups de bâton ; soit, enfin, la *queue de la poêle*. (Voir la planche). Ce dernier moyen mérite d'être plus spécialement décrit, c'est évidemment le plus simple, le plus primitif et le plus original :

Une poêle, ou un poêlon, sont placés sur une chaise, la partie creuse en dehors, derrière le dossier, la queue à plat sur le siège qu'elle dépasse, en avant, d'une bonne longueur ; un crible est ensuite fixé, en dessous, et enfoncé solidement entre le siège et le premier barreau, de façon à recevoir les grains à mesure qu'ils tomberont. L'opérateur se place à califourchon sur la chaise et il racle fortement des deux mains les épis, l'un après l'autre, contre la queue de la poêle, eu dessus du crible. Ce travail se fait la nuit, et il n'est pas rare de voir, dans la même cuisine, toute une famille de laboureurs chalossais s'y livrer, en chantant comme pour la despourguère. (Voir la planche).

Le battage du froment se fait aussi, actuellement, à la vapeur, même dans les plus petites métairies.

Autrefois, on ne servait, dans toute la région, que du fléau. La moisson était et est encore, comme tous les autres grands travaux agricoles faits avec l'aide des voisins, l'occasion de véritables fêtes, qui, quelquefois même, se terminaient, comme dans le centre de la France, par un bal, plus ou moins improvisé.

On battait le blé sur des aires, qui existent toujours, placées dans la cour, devant la maison, faites d'argile bien battue et recouvertes, pendant toute l'année, d'une épaisse couche d'ajoncs (*soustre*), pour les préserver. Les gerbes étaient étendues sur ces *ayres* de deux façons différentes, soit en couches épaisses, embriquées les unes sur les autres, de manière à ce que les épis apparaissent seuls à la surface ; soit en rangées plus étroites dans lesquelles les épis étaient placés bout à bout. La première manière était employée dans les communes où la cadence adoptée par les batteurs était celle dite *aous très trucs*, à trois temps ; la seconde était en usage chez ceux qui battaient à quatre temps. Ces derniers étaient au nombre de quatre seulement, sur deux rangs qui se faisaient face, et ils frappaient successivement et en mesure, les uns après les autres, l'un rang aussi après l'autre. Les premiers étaient six, quatre sur deux rangs, et deux, en diagonale, sur les côtés, pour frapper ensemble le troisième coup avec leurs fléaux inclinés de façon à maintenir la paille sous l'action de ceux des deux rangées parallèles. Ceux-ci ne donnaient qu'un coup par rangée, les deux du même côté ensemble. Tous les jeunes gens qui battaient ainsi avaient à honneur de frapper bien fort, et il s'établissait toujours une certaine rivalité non seulement entr'eux, mais surtout avec ceux des aires du quartier dont le son produit par les fléaux s'entendait au loin. Aussi, n'était-il pas rare de voir les batteurs, pour augmenter la sonorité du sol, avoir recours à un moyen, que nous avons vu bien des fois employé dans les églises, au moyen-âge, pour augmenter aussi celle des églises. Ils enterraient dans leurs aires, à une petite profondeur, des cruches et de grands pots vides, de même qu'on en plaçait au XIe et XIIe siècles dans les murs des basiliques et même, bien longtemps avant, dans des temples et autres édifices publics construits par les Grecs qui appelaient ces vases sonores des *échéa*.

Pour exciter leur ardeur et pour s'appeler et se réunir ensuite, quand la journée était terminée, les jeunes batteurs poussaient un cri spécial qui doit être, lui, aussi, bien ancien. Nous ne serions pas éloignés de croire que c'est le cri de guerre des Aquitains conservé par la tradition chez les Basques qui l'appellent *érencina* et chez les Landais qui le nomment *enhillet*. C'est en effet une sorte de *hennissement* guttural, qui s'entend à de très grandes distances. Les résiniers marensins l'emploient pour s'avertir de leur présence dans les forêts de pins, se faire savoir qu'ils ne sont pas seuls et qu'ils se porteront secours, si besoin est.

Ce cri, plus ou moins sauvage, peut se noter ainsi :

ya, ya, ya, ya, hou, hi, hi, hi

De plus savants que nous pourront dire si les paroles et la musique étrange de cet appel, qui est peut-être un chant, ont un sens et se rapprochent de cris de guerre déjà connus ?

La vendange (le brougne), qui est aussi une de nos fêtes agricoles auxquelles les voisins prennent part, a été, comme la despourguère, admirablement décrite par Jean Rameau, dans « *Simple* », un de ses derniers livres. On n'a pas recours, en Chalosse, comme ailleurs, à des ouvriers mercenaires pour la récolte des raisins, pas plus que pour les autres travaux. On s'entr'aide et cette mutualité de services rendus, entre paysans, est une des choses les plus remarquables et les plus utiles et, en même temps des plus anciennes que nous ayons à signaler dans nos usages locaux.

La vigne est cultivée en Aquitaine de temps immémorial, probablement avant la conquête romaine, et nos pratiques viticoles, nos cépages, leur taille, les instruments et les procédés de culture, jusqu'à nos pressoirs, remontent à une époque des plus reculées, quoiqu'ils supportent la comparaison avec les prétendues découvertes modernes. Pour s'en convaincre, on n'aura qu'à lire l'intéressant mémoire de M. l'abbé Beaurredon, « *Etude sous forme de* « *dialogue sur la Viticulture chez les Anciens* » (Bulletin de 1888) et une autre étude, publiée par l'un de nous, sur « *La Vigne en Chalosse et au Marensin* » (Bulletin de 1892). On pourra également lire avec profit, sur le même sujet, « *La Culture de la Vigne dans le Sable des Landes* », par M. Yves Boucau (Féret et fils, libraires-éditeurs, 15, cours de l'Intendance, à Bordeaux, 1888).

Comme le dit M. le comte A. de Chasteigner dans sa brochure « Dax vu le samedi par un Archéologue » que nous citons à tout propos, même quand il s'est agi de nos courses de taureaux, tant les remarques faites par ce grand observateur sont justes et complètes, toutes nos méthodes, tous nos instruments agricoles et vinicoles étaient romains ou, tout au moins, gallo-romains : les *bros*, les charrettes à bœufs, sur lesquelles on met, pour vendanger, les deux barriques défoncées destinées à recevoir les raisins, les paniers qui servent à les porter dans ces barriques, ressemblent au *carrus* et à l'*œro* reproduits par Rich dans son « *Dictionnaire des Antiquités Romaines* ». (Voir la planche).

Les pressoirs (*lous trouilhs-torcularia*), sont aussi restés romains. On pourra s'en convaincre encore, en comparant celui publié par Rich, avec la planche qui accompagne le mémoire, que nous avons déjà cité sur la Vigne en Chalosse et au Marensin (1). Une singulière remarque à faire, c'est que, on ne sait pourquoi, toutes les pièces qui composent cet appareil encombrant, mais bien pratique, à l'exception de l'arbre (*arprou*) qui lui sert de levier, et de la vis en bois (*la huse*), portent tous des noms d'animaux : la pièce de bois, fixée en terre, qui supporte *la huse*, s'appelle le blaireau (*lou tachoun*) ; l'écrou, aussi en bois, qui fait agir la vis sur l'arbre, porte le nom de *louve ;* le grand poteau, avec sa longue mortaise dans laquelle s'engage l'extrémité de l'arbre, est appelée le *paban*, le paon, probablement parce que les tasseaux que l'on y met, comme des coins, pour retenir le tenon de cet arbre, affectent, plus ou moins, la forme de la queue du paon ; les deux montants du milieu, avec leur traverse servant à faire basculer le levier avant de le *claba* (de le clouer) avec les tasseaux du *paban,* s'appellent la *crabe* (la chèvre). La traverse, qui fait partie de la chèvre, qui n'a rien de commun avec celles des charpentiers, porte le nom, plus poétique, de *damiselle* (demoiselle).

La cuve en pierre, qui contient ordinairement des raisins en quantité suffisante pour faire de 40 à 45 hectoli-

---

(1) On retrouve les mêmes pressoirs en Bourgogne et dans le Beaujolais.

tres de vin, est appelée la *meyt dou trouilh*, (le *pétrin du pressoir*), et le récipient aussi, en pierre, dans lequel coule le vin, porte le nom de *tine*, dont le diminutif *tinette*, veut encore dire, en français, petite barrique.

Comme nous l'avons fait observer plus haut, à part l'introduction d'un cépage nouveau, le *pique-pouich*, ainsi nommé à cause de sa taille très basse qui exposait ses grappes à être picorées par les dindons, (pique-pouich veut dire en effet *pique-dindon*, ce cépage n'a donc été connu que depuis l'importation de ce volatile par les missionnaires des Indes), — nous avons conservé tous les usages, tous les procédés de cultures, tous les plans dont les Romains nous avaient dotés. Ils les avaient, peut-être même, trouvés chez nous, car la civilisation gauloise était plus avancée qu'on le croit généralement, surtout en Aquitaine, et nos aïeux les *tarbelli* étaient, très probablement au courant des théories et des enseignements viticoles professés par Varron, Columelle, Pline, Paladius et le vieux Caton, qui avaient, eux-mêmes, emprunté beaucoup de leurs idées aux grecs et *aux Gaulois* de qui ils avaient appris le marnage des terres. Ces emprunts faits par eux à nos ancêtres des gaules ne saurait plus être douteux quand on a lu le magnifique ouvrage que vient de faire paraître, chez Arthur Savaète, 76, rue des St-Pères, notre maître en la matière, M. l'abbé Beaurredon, et dont le titre est : « *Voyage Agricole chez les Anciens, ou l'Economie Rurale « dans l'Antiquité.* »

Comme le conseillent les auteurs anciens, les vignerons de Chalosse (*lous bignès*) avaient, de tout temps, préféré, pour faire leurs plantations de vignes, les pentes de leurs côteaux, les moins abruptes, exposées, autant que possible, au Midi, ou, tout au moins, abritées *d'ou ben de mâ* (du vent de la mer), de l'Ouest ou du Sud-Ouest.

Ils savaient, aussi, que les terres friables comme le sont leurs sables ferrugineux du pliocène, étaient les meilleures et qu'il faut, avant tout, donner à la vigne des terrains profonds et complets, c'est-à-dire composés, en de justes proportions de calcaire, de silice, d'alumine et d'humus ; que, s'il manquait à leur champ un ou plusieurs de ces éléments, il fallait les y ajouter par des amendements et y cultiver, pendant quelque temps, des céréales avant d'y planter leur vignoble.

Ils connaissaient et pratiquent encore les diverses manières dont se font les plantations : soit à la *hosse*, au trou carré, large et profond, creusé à la bêche et rempli d'humus et de fumier, avec des plans enracinés (*barbeous*), ou simplement avec des boutures sans racines (*pouhics*), taillés avec ou sans crosse de vieux bois ; soit à la *chanque*, dans de petits trous ronds qu'on faisait avec cet instrument remplacé, aujourd'hui, par une simple barre de fer, qui n'est, le plus souvent, que celle que l'on met pour retenir le bois sur les landiers de la cheminée de la cuisine. C'est

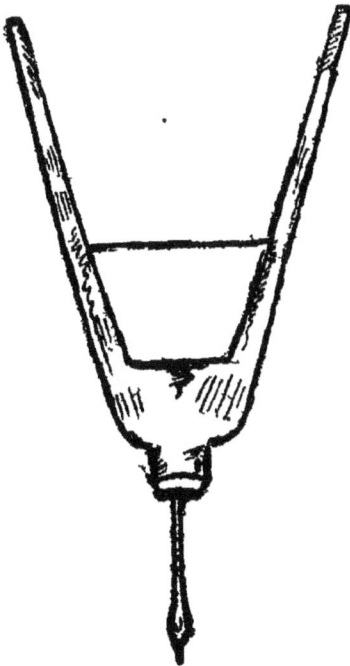

pourquoi ces barres de foyers, qui étaient encore, au siècle dernier, terminées, des deux côtés, par des anneaux, n'en ont plus aujourd'hui qu'à l'un des bouts, l'autre étant éguisé en pointe, comme les pinces des carriers.

La *chanque* (l'échasse) était une sorte de genoux, ressemblant à celui des jambes de bois des amputés, et muni de deux macherons comparables à ceux des charrues. Le dessous de ce genoux était armé d'une tige en fer, longue de 30 à 40 centimètres, plus épaisse à l'extrémité inférieure et terminée en pointe acérée. Le vigneron prenait cet instrument par les deux macherons, le soulevait en l'air, l'enfonçait, avec force, en terre, le faisait, au besoin, tourner comme une vrille pour le faire pénétrer et pour obtenir sa pénétration complète, appuyait son pied et tout le poids de son corps sur la partie interne du genoux de bois.

Les Chalossais n'ont jamais employé indistinctement ces divers modes de plantation. Comme nous le verrons pour la taille, ils ont toujours adopté celui qu'ils croyaient, avec raison, convenir le mieux à la nature du terrain à planter.

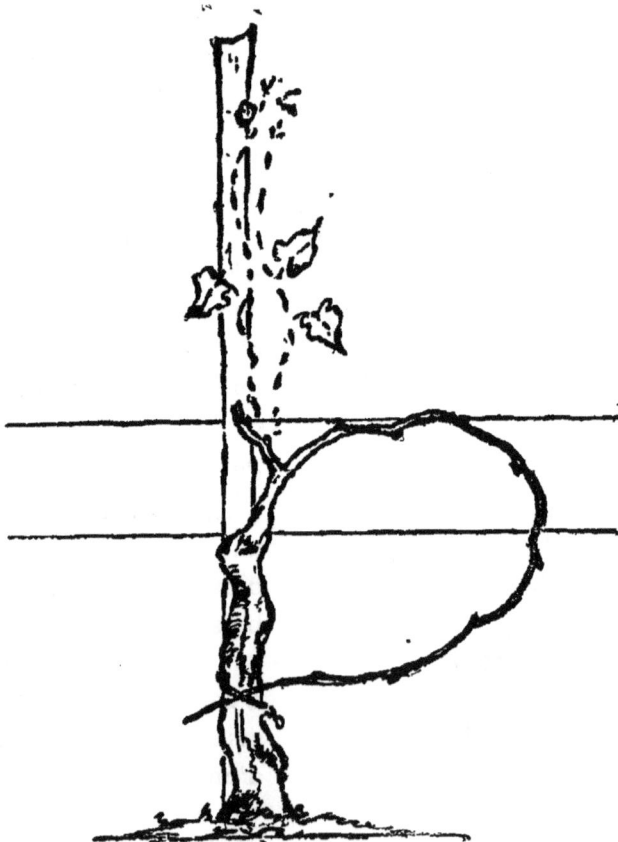

Pour eux, la *hosse* était préférable pour les terres bonnes et grasses, et la *chanque* pour les terres froides, et c'est pour cela qu'ils jetaient toujours, dans le trou obtenu avec cet outil, une poignée de cendre, autant vaut dire de potasse.

On a taillé, jusqu'à ces derniers temps, les *piquepouichs* en gobelet. Cette taille, quoique connue des Romains, n'avait jamais été en usage en Aquitaine. On commence à l'abandonner et à la remplacer par celle à long bois.

Les Romains, et probablement les Aquitains, connaissaient aussi le chaintre, le hautain, l'espalier et la *vigne* à un seul sarment recourbé attaché au pied, par dessous.

Toutes ces tailles ont été pratiquées en Chalosse de temps immémorial, mais celle qui dominait et portait seule le nom de *bigne* (la vigne par excellence) est la dernière que nous venons de citer.

Elle a l'inconvénient d'être un peu, à court bois, quatre à cinq boutons seulement, mais aussi l'avantage de faciliter la séparation du sarment à bois de celui à fruit et d'amener, par sa courbure, qui en fait un véritable *pissevin*, une

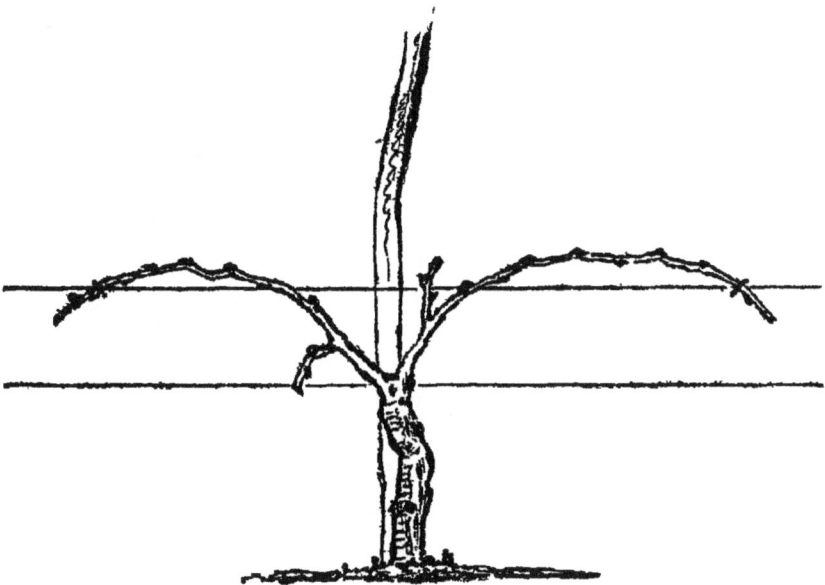

production abondante de raisins. On pourrait, sans inconvénients, croyons-nous, forcer cette taille en lui donnant 7 à 8 boutons.

Le *hautain* en croix, avec ses branches regardant les quatre points cardinaux, est surtout usité pour les terres basses et humides exposées à la gelée.

La taille la plus généralement pratiquée est celle dite en *espalière*.

Pour toutes ces diverses tailles, les vignerons landais ont toujours su garder, comme le fait le docteur Guyot, des coursons de renouvellement ; seulement ils avaient perfectionné, pour ainsi dire, à l'avance, cette taille moderne, en alternant, pour le choix de ces coursons, et en les prenant, tantôt en dessus, tantôt en dessous, de la *courréyade* (c'est ainsi qu'ils appellent la branche à fruit), de façon à hausser ou à baisser le cep à volonté et, en le choisissant, tantôt d'un côté, tantôt d'un autre de la souche, ils évitent les boursouflures et les déformations qui se produisent toujours dans les vignes taillées d'après le système Guyot.

Les espaliers et les hautains sont plantés en quinconce, à 1 m 10 d'un côté, et à 2 mètres de l'autre. On les travaille avec les bœufs. On les déchausse au printemps, on les laboure à nouveau, et on les butte, vers la Saint-Jean. On se sert, pour les déchausser, d'une charrue très primitive, dont le timon est fortement recourbé, ce qui permet d'approcher le soc des pieds de vigne, sans que les bœufs les abiment par le frottement. Cette charrue vigneronne, certainement bien ancienne, est plus simple et plus pratique que celles, à arc, que l'on fait aujourd'hui.

Les vignes à tige recourbée sont, elles aussi, plantées en quinconce, mais à un mètre seulement, trois pieds, dans tous les sens. On les pioche à la houe, une première fois au printemps, et c'est ce qu'on appelle, en gascon, *cotlleba*, leur lever le col. On chausse, *caoussa*, au mois de juin.

Comme les Romains, les Chalossais ont eu toujours une préférence marquée pour les échalas en châtaignier. Malheureusement, cet arbre précieux qui leur fournissait, de plus, sans compter les châtaignes, les douves et les cercles pour leurs barriques, est aujourd'hui atteint d'une maladie inconnue qui, si elle continue, les aura bientôt fait disparaître des départements des Landes, du Gers, des Hautes et des Basses-Pyrénées.

Ils avaient également pris aux Romains l'habitude de tendre entre les échalas, pour y attacher la *courréyade,* de longs sarments secs, pris dans la vigne elle-même, ou, mieux encore *bidaoules*, sarments plus longs des vignes sauvages (*lambrusqués*), qui croissent dans les haies ou dans les bois, ou même des roseaux.

Mais, avant longtemps, toutes ces *estaques* primitives auront cédé leur place au fil de fer galvanisé.

Les branches à bois, de remplacement, sont généralement attachées à l'échalas et relevées perpendiculairement quand elles sont prises plus haut que la branche à fruits.

Pour tailler les vignes, on se sert aujourd'hui de sécateurs de divers modèles et des scies à main. La serpe romaine, la *poude*, a été depuis longtemps remplacée par le couteau serpette, et on ne trouve de traces de cet instrument que dans la locution, usitée encore dans quelques localités, voisines de la Gironde, où l'on dit « *pouda le bigne* », au lieu de tailler la vigne.

La serpe ne sert plus que pour couper les échalas et les

taillis; elle a, à peu de chose près, la même forme que du temps des Romains, on en trouve même encore avec

le tranchant dorsal, la *securis;* toutes ont le *culter,* le *sinus* et le *rostrum*, quelques-unes même la pointe que les Romains appelaient *scalprum.*

Ce n'est pas seulement en Chalosse qu'on cultive et qu'on a cultivé de tout temps la vigne. On a essayé, à plusieurs reprises, d'en planter dans la Lande et dans le Marensin proprement dit. Nous croyons, comme nous l'avons déjà dit ailleurs, que cette culture n'y est possible que sur une très petite échelle, surtout dans l'intérieur des terres.

Les premières vignes qu'on ait plantées dans cette région peu fertile sont, d'après nous, celles qui se trouvaient, autrefois, sur tout le littoral, et dont quelques-une existent encore. La tradition, appuyée, dit-on, sur quelques rares textes, prétend qu'elles furent importées par les chevaliers de Malte, qui avaient, on le sait, sur la côte, de nombreuses commanderies.

Ce qu'il y a de sûr, c'est que la culture et la taille de ces vignes sont complètement différentes de celles des vignobles de la Chalosse et que les cépages qui les composent n'ont rien de commun avec ceux connus dans la contrée.

Rien n'est curieux et intéressant à voir comme ces petits rectangles de quelques ares, établis sur les dunes, du côté opposé à la mer, fermés par des paillassons, en ajonc et en jaube, et dans lesquels rampent, en quelque sorte, des sarments, vigoureux sur certains points, rabougris sur d'autres, et donnant tous un excellent vin, qui a sa réputation, bien méritée, est est connu sous le nom de *vin de sable.*

Malheureusement, la quantité n'est pas en rapport avec la qualité, ni avec les soins et le travail qu'exige cette culture difficile et coûteuse, aussi l'a-t-on abandonnée presque partout. On ne trouve guère plus de *vignes de sable* qu'à Messanges, à Moliets, à Capbreton et à Anglet.

En dehors de la Chalosse, on ne rencontre de vignobles sérieux, sur la rive droite de l'Adour, que sur les points où, géologiquement, le sol ressemble à celui de la rive gauche, comme à Soustons, dans une partie du canton de Saint-Vincent-de-Tyrosse et de celui de Morcenx, et surtout dans le nord-est du département qui touche à l'Armagnac, et où l'on fait des vins et des eaux-de-vie comparables à ceux du Gers.

La culture du lin était encore, il y a une trentaine d'années à peine, très en honneur dans la Chalosse et dans une partie du Marsan et du Béarn et cela, sans aucun doute, depuis une époque qui remontait au moins à l'occupation romaine, si ce n'est plus haut. Non seulement on cultivait, dans la région qui nous occupe, cette précieuse plante textile, mais on lui faisait subir, dans nos campagnes, toutes les préparations, toutes les transformations nécessaires pour en faire du fil. de la toile et du linge ouvré, et même damassé qui, sous le nom de *linge de Béarn*, a su acquérir une certaine réputation pour sa finesse et surtout sa durée.

Comme celle des autres céréales, dont nous avons déjà parlé, cette culture avait donné naissance à des pratiques et à des usages curieux à étudier et elle nécessitait un outillage spécial, aujourd'hui disparu, dont il est bon de donner la description et même quelques reproductions, car ils appartiennent déjà à ce que nous pourrions appeler l'archéologie agricole, qui n'est pas la moins intéressante, et qui permet aux savants, en comparant les divers instruments en usage dans un pays, avec ceux usités ailleurs, de remonter jusqu'à l'origine des peuples et de reconnaître les diverses races dont ils sont issus.

M. l'abbé Beaurredon, dans son remarquable ouvrage sur l'*Economie Rurale dans l'Antiquité* (1), nous donne des détails complets sur la manière dont les Romains cultivaient et préparaient le lin, et il les trouve dans de nombreux passages de Columelle, de Pline et de Palladius. Ce dernier auteur conseillait déjà aux agriculteurs de son temps de renoncer à cette culture qui dévore la terre et en dessèche le sein. « *Linum serendum non est, nam terræ uber exhurit.* » Cette même constatation, faite par les cultivateurs landais et béarnais, a été cause de l'abandon, par eux, de cette plante et il s'est produit, dès qu'ils ont se procurer ailleurs, et à bien meilleur marché, des fils des filatures du Nord et des toiles des grandes fabriques de l'industrie moderne. Nos ménagères continuent, cependant, encore à tisser, mais elles n'emploient que des fils de lin ou de coton, qu'elles achètent à la ville voisine, et aucune d'elles ne file plus ; aucune d'elles ne sait plus ni teiller, ni sarancer le lin, et, si on venait à le cultiver de nouveau, elles auraient toute une éducation à faire sous

(1) *Voyage Agricole chez les Anciens*, par l'abbé Beaurredon, chanoine honoraire, ancien vicaire général, officier d'Académie. Paris, Arthur Savaète, éditeur, rue des St-Pères, 76, 1898.

la direction de quelques vieilles grand'mères, qui seraient bien embarrassées, elles aussi, pour retrouver les outils dont elles se servaient jadis.

On ensemençait le lin dans les champs de maïs et, lorsqu'il arrivait à maturité, ce qui se connaissait quand sa graine était bien gonflée et de couleur jaune, on l'arrachait avec les mains. Les voisins étaient invités à prendre part à ce travail très pénible.

On réunissait les tiges en petites bottes, appelées en gascon, *pungs*, des poings, ou plutôt des *poignées,* et cette division en poignées était conservée pour toutes les manipulations que le lin avait à subir jusqu'au filage. On peut voir dans Pline que les Romains procédaient de la même façon.

Une fois arraché, et ainsi bottelé, on l'étendait dans les prairies humides pour le faire *alia*, rouir, c'est-à-dire pour lui faire éprouver une première altération amenant, plus facilement, la séparation de la partie textile de celle qui en constitue en quelque sorte l'écorce.

Avant de le porter dans la prairie, on avait soin de le battre, avec des mailloches spéciales à manche recourbé, appelées *pises,* dont nous avons déjà parlé à propos du battage du maïs. La graine qui se vendait autrefois fort cher n'a plus de valeur aujourd'hui, qu'on est arrivé à faire des huiles pour la peinture, et même pour la consommation alimentaire avec bien des choses, notamment avec des colophanes et des brais.

On peut voir, à Dax, une usine des plus perfectionnées où l'on fabrique avec les produits du pin maritime des Landes de ces hydrocarbures de diverses qualités, même des plus fins, ressemblant, à s'y méprendre, à des huiles d'olives de Provence.

Une fois roui, le lin était réuni en javelles, composées de

12 ou de 24 poignées et qui prenaient alors les noms de *doutzaines ou de benties*, suivant le nombre de poignées dont elles étaient formées, puis on l'engrangeait jusqu'au jour où on voulait le teiller, *lou barga*.

Comme la *brougne* et la *despourguère*, la *barguère* était, pour nos paysans chalossais, une véritable fête. C'était pour les femmes et les jeunes filles ce qu'était pour les hommes et les jeunes gens le battage du blé. Comme les batteurs, les teilleuses devaient suivre avec leurs *bargues* une cadence spéciale, frapper le plus fort possible, et s'exciter entr'elles en poussant des cris et en chantant. Aussi les entendait-on au loin.

Elles se plaçaient, toujours au nombre de quatre, ou encore mieux de huit, à quelque distance de la maison, le plus possible le long d'un chemin, et elles arrêtaient les passants de marque pour leur offrir des bouquets et leur demander, en échange, une pièce de destinée à contribuer au paiement du dîner qui suivait la *barguère* et à acheter du vin, car rien n'altère, paraît-il, comme la poussière du lin, pendant qu'on le teille. Le fait est qu'elle est si épaisse que les teilleuses en étaient aveuglées et qu'on les voyait comme dans un nuage des plus denses. Leurs cheveux et leurs vêtements paraissaient blancs, vus de loin, et les mouvements violents et cadencés qu'e.les faisaient pour leur travail, aussi original que bruyant, leur donnait l'aspect d'une bande de furies.

La *bargue* est une sorte de tréteau, avec pieds massifs, dont la partie supérieure est formée de cinq lames en bois, éguisées, presque tranchantes ; trois sont fixées aux pieds et deux forment un battoir mobile, articulé d'un côté, au pied gauche du tréteau, et libre de l'autre, qui est terminé par un manche ; ce qui permet d'ouvrir et de fermer ce battoir comme une immense lame d'un grand couteau. La *barguedoure* place avec sa main gauche sa poignée de lin sur les lames fixes et soulevant, aussi haut que possible, les deux qui sont mobiles et elle frappe violemment avec le *manchien* (c'est ainsi qu'on appelle, en gascon, la partie mobile de l'appareil) son lin qu'elle secoue, après chaque coup, pour le debarrasser des débris ligneux brisés dans cette première opération, qui se continue jusqu'à ce qu'il ne reste plus que les fibres textiles, qu'il faudra plus tard rafiner en les séparant de l'étoupe.

On dit, quand la teilleuse secoue sa poignée, qu'elle *mousquille*, qu'elle chasse les mouches.

Pour rendre le teillage plus facile, on fait passer le lin dans le four, après la cuisson du pain et de la *méslure* (pain de maïs), qui est la base habituelle de la nourriture chez les Chalossais.

Les barguères commençaient au point du jour pour se terminer vers midi.

Ce premier teillage laissait encore au lin bien des corps étrangers dont il fallait le séparer, soit en le teillant de nouveau, *arrebargua*, soit en le peignant avec un peigne spécial, à dents espacées et grosses, et ce travail exécuté aussi par les voisines réunies, s'appelait *escabeilla*, sarancer.

Après l'avoir ainsi sarancé, c'est-à-dire débarrassé de *l'arique*, produit plus grossier que l'étoupe, mais cependant utilisable et qui servait, entre autres choses, à faire les mèches des chandelles de résine, on le peignait de nouveau avec un *pienti* plus fin qui donnait, d'un coté, l'étoupe proprement dite, et, de l'autre, *l'ascle de lin*, la filasse.

Les peignes destinés à ces deux peignages ne différaient que par la finesse de leur pointe, leur espacement et leur nombre. Ils consistaient en une planche de 0 ^{m} 60 environ, large de 0 ^{m} 20, terminée dans le bas par une échancrure d'une forme spéciale et d'une traverse destinées à placer les pieds de la *pientedoure*, et ayant, dans le haut un carré armé des pointes en fer dont nous venons de parler. La *pientedoure* passait, à plusieurs reprises, sa poignée de lin, déjà teillé, dans les dents du peigne, qu'elle tenait entre ses genoux, jusqu'à ce qu'il lui paraissait assez propre. Elle en faisait ensuite de petits paquets tordus avec art et dont chacun constituait, quand le moment était venu, la charge exacte d'une quenouille : c'est ce qu'on appelait une *ascle*.

Mais, avant le filage, le lin devait encore subir une dernière préparation, qui achevait de le nettoyer et lui donnait un poli et une *douceur* toute particulière. L'*arcoule* que l'on en retirait alors était presque aussi fine que le lin, on en faisait le linge grossier à l'usage des ouvriers et des paysans.

Nous ne connaissons pas de noms français pour désigner ce travail spécial, peut-être, à notre contrée, ni l'instrument avec lequel on le faisait. En gascon on dit *hourréga* et *hourrègue*.

La hourrègue est un long bâton, en bois dur, dont le haut est creusé d'une longue rainure triangulaire, de 0^{m}50 environ, dans laquelle s'encastre une langue de bois semblable ayant les mêmes dimensions que l'entaille et la même forme en aillie que celle du creux dans lequel elle s'encastre. Elle est attachée, par le bas, avec une corde assez lâche pour lui permettre de s'ouvrir et de se fermer, comme le *manchen de la bargue, comme une lame de couteau*.

La *hourrèguedoure* est assise, le bas de la *hourrègue* touche à terre et la partie supérieure est posée sur ces genoux. Elle passe l'*ascle de lin* entre la rainure et la *langue* de l'appareil, en les serrant fortement de la main droite, pendant qu'elle la tire de la gauche, et elle répète son opération jusqu'à ce que le lin soit bien propre et bien *luisant*. La langue de la *hourrègue* manœuvre avec volubilité, quand on sait bien s'en servir, aussi appelle-t-on encore *hourrègue*, dans nos campagnes, une vieille femme bavarde et il y en a pas mal, chez nous, comme partout ailleurs.

Le filage du lin était aussi un travail exclusivement réservé aux femmes. Il n'en était pas de même à Rome, car Pline, cité par M. l'abbé Beaurredon, nous apprend que filer est même honorable pour les hommes : *nere et viris decorum est*.

S'ils ne filaient pas dans nos contrées, ils aimaient bien, surtout les jeunes, à aller assister aux *hieléres*, véritables soirées, où on se réunissait, tantôt chez un voisin, tantôt chez un autre, et où les femmes filaient pendant que les jeunes gens chantaient ou racontaient des histoires comme pour les *despourguères*.

Les métayères devaient filer, tous les ans, une certaine quantité de lin pour leurs maîtres et cette redevance spéciale s'appelait l'*hibernatye*.

Les quenouilles de Chalosse *(lous fiélous)*, sont très petites, mais très curieuses à voir. Elles sont faites en roseau, même la partie renflée, destinée à recevoir le lin, et elles sont ornées de dessins au fer chaud, qui doivent remonter bien haut. Ils rappellent en effet, comme ceux des makilas basques et des *canaoüles*, colliers en bois qui supportent les clochettes des vaches et des moutons, ceux qu'on voit sur les bâtons de commandant de l'époque du Renne. La chose n'a, du reste, rien d'étonnant quand on sait que la race préhistorique qui a sculpté ces bâtons est aujourd'hui identifiée avec celle des Ibères, les Basques primitifs, qui sont l'élément dominant dans la formation de la sous-race Aquitaine.

Pour bien retenir le lin sur la quenouille, nos paysannes le serraient primitivement avec un linge, mais, depuis quelque temps, elles avaient pris l'habitude de remplacer ce *perrec*, ce chiffon, par un rouleau de carton, sur lequel était collée une tapisserie de couleurs voyantes.

Les épouses portaient avec leur mobilier nuptial une superbe quenouille, qu'on plaçait, nous l'avons dit déjà, bien en évidence, et ornée de rubans, sur la charrette, à côté du prie-Dieu.

Les dames seules et les femmes des grands propriétaires capcazaliers se servaient de rouets pour filer. On ne trouve que rarement dans nos contrées de ces instruments et tous sont du siècle dernier. Il y en a cependant, et ce sont de vrais petits chefs-d'œuvres de menuiserie. Ils sont, presque tous, des règnes de Louis XIV, et surtout de Louis XV. On en a fait peu depuis. Il devait y en avoir de plus anciens datant *du temps où la reine Berthe filait.*

Les fuseaux *(lous huseils)*, eux aussi, étaient ornés de dessins, quelquefois en couleur, rappelant ceux des âges préhistoriques. Ils venaient tous de *la Montagne* ou de la Bigorre.

Les *ties* (1) elles-mêmes, *les hielères*, étaient chargées d'ornements en cuivre et de gravures au

---

(1) TIE est un vieux mot français que nous avons souvent entendu prononcer par nos grands-parents et que nous n'avons pas trouvé dans les dictionnaires. Il servait à désigner la pointe en fer dont étaient armés les fuseaux.

trait bien anciens, dans le genre de ceux que l'on trouve sur les ferrures de bâtons landais et basques. Il y en avait de gravées par de véritables artistes.

La mise en écheveaux du fil, une fois filé, se faisait avec un instrument des plus simples, appelé *le tourdouil*, composé d'une tige en bois, traversé de deux barrettes placées normalement, à angle droit, et sur lesquelles on faisait alternativement passer le fil. Le plus ou moins grand éloignement de ces barrettes rendait l'écheveau plus ou moins long.

Ces *tourdouils* étaient souvent tournés avec luxe et ornés de moulures qui servent à en reconnaître la date.

Une fois en écheveaux le fil était lavé avec soin, *pour lui enlever la salive des fileuses, eschaliba,* puis après avoir passé à la lessive et avoir été exposé au serein, sur l'herbe, ou sur des chassis spéciaux, pour le blanchir, il était dévidé, *dabat,* et les gros pelotons qu'on en faisait s'appelaient *gusmeits.*

Les *dabans*, les dévidoirs, étaient, comme les rouets et les *tourdouils*, construits avec un certain style, variant avec les époques auxquelles ils remontaient (1). On dévi-

---

(1) Voir la planche représentant à la fois le métier à tisser, le *canéré* et le dévidoir.

dait en famille, pendant les longues soirées d'hiver et même les jour de pluie. Les hommes les plus sérieux ne dédaignaient pas ce travail, peu absorbant, qui ne gênait en rien la conversation de ceux qui s'y livraient.

Le fil, une fois dévidé, était livré au tisserand. Il y en a encore beaucoup en Chalosse, surtout dans le canton de Pouillon, où presque toutes les femmes savent tisser et fabriquent, non seulement le linge nécessaire à leur famille, mais encore travaillent pour les habitants de la Lande et du Marensin qui prisent beaucoup la toile faite chez leurs voisins de la rive gauche de l'Adour. Il y avait autrefois dans toutes les maisons d'une certaine importance une domestique spéciale dont l'occupation principale était de fabriquer tout le linge de table et même de corps de la famille, les trousseaux des jeunes filles et jusqu'aux chemises des hommes dont la finesse rivalisait avec celles des Flandres.

Les nappes et les serviettes à *fougère* et à *œil de perdrix* sont encore très appréciées par nos ménagères, surtout celles à bords rouge, tissées sous Louis XV, qui sont conservées dans beaucoup d'anciennes familles et font l'admiration des spécialistes.

Le fil, pour être tissé, est tout d'abord ourdi, c'est-à-dire rassemblé en *chaîne* de façon à être facilement étendu sur le métier et disposé de manière à ce qu'il n'y ait plus qu'à le tramer avec la navette et à le battre pour en faire de la toile.

Ce premier travail se fait à l'aide de deux instruments des plus simples, *lous clots* et l'*ourdissé,* l'ourdissoir.

Lous clots sont une boîte en bois divisée en autant de caisses que de pelotons ou de bobines de fil que l'on veut employer. Cette caisse est surmontée d'une traverse percée de trous, dans lesquels on fait passer chacun des fils pour les réunir, sans mélange, dans la main gauche de l'opérateur qui, de la droite, fait tourner l'ourdissoir, immense dévidoir, sur lequel il dispose ses fils réunis en faisceau, sur plusieurs rangées parallèles.

Ces fils, ainsi réunis, en câbles non tordus, sont ensuite mis en nappe, suivant la largeur que l'on veut donner à la toile, sur le rouleau postérieur du métier, et pour les rendre plus rigides, on les enduit d'une couche de colle de farine. Il n'y aura plus qu'à attacher tous les bouts, au *pessoou* (bout de toile resté adhérent au métier), ce qui évite de les faire passer, un à un, dans les trous du peigne et du battoir.

Nos métiers à toile landais sont des plus simples. Ils doivent être gallo-romains, comme le sont, sans aucun doute, les poids en poterie, servant à obtenir la tension de la trame. Nous en avons souvent trouvé dans nos fouilles de tout pareils à ceux encore en usage.

Ils ressemblent aussi beaucoup aux métiers dits de *basse lisse* qui servaient à la confection de magnifiques broderies, moins belles cependant celles appelées de *haute lisse*. Ils ont également quelques rapports avec ceux employés par les arabes et les tisseurs d'étoffes dites du Levant. On pourra s'en convaincre en examinant avec attention la planche, dans laquelle nous signalons à nos lecteurs, outre le métier proprement dit, un dévidoir et un appareil connu sous le nom de *canéré*, servant à la préparation des *caneits*, petites bobines de roseau sur lesquelles est enroulé le fil destiné aux navettes.

Ce n'est pas seulement le lin que nos chalossaises savaient filer et préparer. Elles travaillaient aussi la laine de leurs troupeaux et en faisaient des étoffes pour les vêtements de leurs maris. On appelait ces étoffes *interlitz* et leur solidité et leur résistance éaient bien plus grandes que celles des draps aujourd'hui à la mode. On en voit encore aujourd'hui dans certaines vallées des Pyrénées. Elles faisaient aussi un tissu mélangé de fil de lin et de laines de diverses couleurs, rayées en long, destiné à la confection de gracieux manteaux qu'on ne voit plus que bien rarement porté par nos paysannes et qu'on appelait des *debantières*, peut-être parce qu'elles s'en servaient comme d'un grand tablier, *debantaou,* quand elles montaient à cheval assises sur leurs *haubardes* de toile matelassée.

Ce n'est pas seulement les *debantières* qui tendent à disparaître, mais il en est malheureusement de même de tout ce que le costume de nos paysans avait d'original et de remarquable.

Le foulard que portaient les landaises et les basquaises comme coiffure, est réduit aujourd'hui à de si minimes dimensions qu'on peut dire qu'il n'existe plus, il aura bientôt le sort de la *couhutte* (1), bien moins gracieuse, qu'avaient jadis les femmes de Saint-Sever et de Mont-de-Marsan, dont les cheveux étaient coupés en carré sur le front.

Les hommes ont bien encore le béret, mais on le transforme déjà en lui ajoutant une visière et il ne tardera pas à faire place à une affreuse casquette de vélocipédiste. La ceinture de laine, autrefois rouge (et noire seulement pour les gens en deuil), est aujourd'hui de toutes les couleurs; il y en a même de blanches.

Le capuchon, conservé seulement dans la montagne, était porté jadis non seulement par les femmes en deuil, mais par toutes à l'église et dans les cérémonies religieuses; il tend à être remplacé par le voile et aura le sort du *mandill*, manteau funèbre des hommes, dont la forme était celle du *cucullus* gallo-romain.

Tout change, même les noms, ou plutôt les prénoms, des habitants des campagnes qui en sont venus à mépriser les appellations anciennes qui étaient, ordinairement, de

----

(1) Espèce de petit bonnet blanc, très plat et très disgracieux.

gracieux diminutifs gascons des noms de saints du calendrier grégorien.

Jean devenait Yantot, Yantoun, Yantinoun, Yantounic, Yanticot;

Pierre, Pierrinoun, Pierroulin, Pierrot, Pierrine, Pierroulot;

Baptiste, Baptistoun;

François, Francilloun, Francésoun.

Il y avait aussi des prénoms plus anciens, par exemple POUTON, porté par beaucoup de paysans et par le fameux Pouton de Xantrailles. D'autres s'appelaient TITE ou Titoun, sans se douter de ce qu'ils avaient de commun avec Titus, etc., etc.

Les femmes se nommaient Marie, Maria, Marioun, Mariounine, Mariounotte;

Yanne, Yannette, Yannetoun, Yannoutine, Yannetouic;
Catherine, Catherinette;

Poutoune, Poutounine, etc , etc.

On leur donnait aussi à beaucoup, surtout dans le Tursan et le Marsan, le nom de *Quitteyre*, en l'honneur de Sainte Quitterie qui fut, on le sait, martyrisée à Aire, au V° siècle.

Aujourd'hui, les noms étrangers nous envahissent! Nous avons déjà chez nos paysans des noms anglais et des noms bretons à la mode et il faut voir comment ils les estropient. Pas plus tard qu'il y a un mois, demandant à l'un d'eux comment se nommait la petite fille qui venait de naître chez une de ses voisines, il nous répondit très sérieusement *Ivrogne*. J'ai su depuis qu'elle s'appelait *Yvonne*.

Ce qui a aussi complètement changé (et ce n'est pas un malheur), c'est l'outillage agricole, à l'exception des chars qui ont conservé tout leur cachet. Ils attirent l'attention de tous les étrangers qui les voient et l'un d'eux, un grand observateur, M. le comte de Chasteigner, le fait remarquer avec raison dans une communication faite par lui à la Société de Borda et ayant pour titre « Dax vu le samedi par un archéologue » (1).

Voici ce qu'il dit de nos chars et de nos poteries dont les formes persistent aussi :

« Vos chars ne sont-ils pas tout gaulois et tout romain ? « Votre *bros* du Marensin et de la Lande, avec sa couver- « ture de toile, attelé de ses mules aux vives allures, le cou « pris dans ce long joug carré, dont la forme rappelle, « involontairement, le supplice de la cangue chez les « Chinois, n'est-il pas le char gaulois si bien étudié par « M. Barry, professeur d'histoire à la Faculté de Tou- « louse ?

« Il est la reproduction fidèle de celui représenté sur un « bas-relief de trèves. Il est la copie exacte du *carpentum* « figuré au revers d'un beau médaillon de bronze de l'im- « pératrice Julie.

« Pas un petit détail n'est oublié ; rien n'est négligé dans « cette tradition ; la barre en forme de V ouvert qui, « derrière et devant, assemble la double planche qui ferme « le charriot, toujours semblable sur tous, est en forme de « cornes pour éviter le même sort ; comme de nos jours « encore, les Italiens portent la branche de corail, aux deux « doigts ouverts, pour se garer du jettatore.

« Votre char à bœufs est un peu moins primitif que celui « de la montagne auquel ses roues pleines donnent un « caractère tout particulier ; mais quand le samedi, au « Sablar, sur la grève de l'Adour, je vois des séries de « chars ayant, à chàque roue, un des bœufs de l'attelage, « au pelage froment, aux larges cornes élégantes et élan-

---

(1) Bulletin de la Société de Borda, année 1876.

« cées, le corps couvert de *l'apric* blanc ou bariolé,
« patiemment couchés en attendant le départ, je ne puis
« m'empêcher de penser à ceux si bien décrits par Tite-
« Live et par César. Ces chars, placés en rond, formaient,
« pour le soir, la principale défense des camps gaulois, et
« l'attelage, provision mobile, se transportant elle-même,
« devenait, au besoin, une précieuse ressource alimentaire
« pour le guerrier.

« Vos élégantes cruches de *Saugnac* et de *Cagnotte*
« *(pégas)*, si gracieusement portées par les femmes, sont
« absolument romaines ; comme le sont aussi vos brocs,
« dont l'ouverture, en forme de trèfle *(pichés)*, si rare
« aujourd'hui dans les poteries modernes populaires, était
« si général chez les étrangers. »

M. de Chasteigner aurait pu pousser plus loin ses
recherches et c'est ce qu'il a fait, du reste, avec nous
depuis 1876.

Nous avons constaté ensemble que tous les instruments
agricoles en usage dans la contrée, avant l'apparition des
charrues et des outils modernes, étaient restés gallo-
romains. *L'art* n'était, comme son nom l'indique, que
l'*aratrum* ancien ; l'*ardeit*, l'*arésérot*, le *coutre*, la *bintanère*
de Chalosse, la *bargue* et la *hourrègue*, tout est romain
jusqu'à la *poude*, la serpe, qui, comme nous l'avons déjà
dit, a dans les Landes une forme différente de celle usitée
dans les pays environnants.

Si on examinait avec soin le mobilier et les ustensiles de
cuisine ou autres, encore en usage en Aquitaine, on y
retrouverait beaucoup de romain et même des formes plus
anciennes, surtout pour la vaisselle qui, elle aussi, se
modernise tous les jours. Nous verrons plus loin qu'il en
est de même des maisons et des constructions rurales.

Bien des bancs et des sièges en bois, qu'on trouve dans les vieilles habitations, ont un aspect gallo-romain.

La vaisselle de table et les diverses poteries servant à la préparation des aliments et aux autres besoins domestiques ont conservé longtemps, et conservent même certaines encore, des formes et des dimensions remontant à des âges très reculés. Nous avons vu plus haut, avec le Comte de Chasteigner, que les cruches et les pichés sont romains. Nos pots à faire la soupe, nos *toupins de Garros*, sont, sans contredit, celtibériens. Nous en avons trouvé de tout semblables dans les tumulus que nous avons fouillés, et que nous avons attribués aux *Osquidates Campestres*.

Même aux époques antérieures à l'histoire, nos aïeux ne mangèrent pas, comme on le fit bien longtemps un peu partout, dans des gamelles collectives. Ils eurent, de tout temps, la *salère*, véritable gamelle individuelle, qu'on trouve encore dans certaines parties de la Chalosse et en Béarn, où on l'appelle *salé*, avec sa forme restée la même depuis l'âge du fer.

Ils buvaient dans des *salères* plus petites, des vases ressemblant à nos bols, mais ayant les anses antiques spéciales à la *salère*. Les verres ne leur furent connus qu'à partir du XVIe siècle.

Les gens riches et les nobles avaient des hanaps et des coupes en bois, garnies d'abord de cuivre ou d'argent, et puis complètement en métal. Au XIVe siècle, la boisson était placée au milieu de la table, dans une sorte de fontaine, à laquelle chaque convive puisait. Au XVe et au XVIe, l'eau et le vin étaient contenus dans des aiguières, des pots et des pintes, posés sur des crédences et des dressoirs, vrais chefs d'œuvres d'ébénisterie. L'usage des bouteilles ne remonte pas au-delà du XVIIe siècle.

Les assiettes et les plats sont plus anciens. Jusqu'à la fin du XVII° siècle, ils étaient en terre grossière de Cagnotte ou de Souprosse, pour le peuple, en étain pour les familles aisées, et en argent pour les plus riches.

Les plats d'étain se fabriquaient en Poitou. Comme ils étaient faits d'un alliage dans lequel il entrait du plomb, ils avaient l'inconvénient de donner, à ceux qui s'en servaient, des coliques spéciales, qu'on nomme généralement coliques de Saturne, et que, dans le pays, on appelait *coliques du Poitou*, à cause de la provenance de la vaisselle qui les occasionnait.

Ce ne fut qu'au commencement du XVIII° siècle qu'on vit apparaître les premières faïences émaillées et on n'en fabriqua, dans la région, qu'en 1732. C'est alors que fut fondée la fameuse faïencerie de Samadet dont les produits, aujourd'hui si recherchés, sont comparables à ceux fabriqués à Rouen, à Moustier, à Marseille, à Strasbourg et dans les autres fabriques devenues classiques pour les collectionneurs.

Il y eut aussi une faïencerie moins importante, à Dax, sur l'emplacement occupé par la maison de Laluque, à Saint-Vincent ; elle est connue sous le nom de *Dorot*.

C'est à la même époque, aux règnes de Louis XIV et de Louis XV, qu'il faut attribuer ces jolis vaisseliers (*bacherés*), ornés de moulures et de sculptures, garnis de faïences à dessins, venant de Samadet et des autres fabriques moins importantes, qu'on voyait dans presque toutes les cuisines à la campagne et qu'on a eu, presque partout, le tort de remplacer par des *boisures* unies avec un boitier de pendule à l'une de ses extrémités.

Les couteaux remontent à la plus haute antiquité, puisqu'il y en avait en silex, à l'âge de la pierre. Les Aquitains n'en connaissaient anciennement que de deux formes, du moins comme couteaux de poche, des serpettes et des *jambettes*, sorte de *navaja* pointue, servant aux bergers pour saigner leurs bestiaux et leur faire diverses opérations chirurgicales.

Les ménagères s'en servaient aussi pour tuer les oies et les canards, qu'on élève en grand nombre en Chalosse et dont on fait des conserves, très appréciées des gourmets, connues sous les noms de *confit* ou de *salé*. Ces conserves constituent, avec les provisions du même genre fournies par les porcs, la base alimentaire de nos paysans qui ne mangent de la viande de boucherie, ou de la volaille, que les jours de fête, ou quand ils sont malades. Les oies et les canards fournissaient de plus des foies gras vendus sur les marchés de la région, surtout à Dax, à Saint-Sever et Aire, ainsi que les œufs et les poulets et les dindons dont on fait un commerce des plus importants.

La plus ancienne cuillère que l'on connaisse, est celle de Sainte-Radegonde et ce n'est que sous Charles V, en 1379, qu'il est fait, pour la première fois, mention des fourchettes servant à manger. Les Romains en avaient cependant de toutes petites qu'ils appelaient *fuscinulæ*. Ce nom se trouve dans une traduction de la Bible, citée par Rich, dans son Dictionnaire des Antiquités Romaines, et on en a découvert deux spécimens, à Rome : l'un dans une ruine sur la voie Appienne ; l'autre, dans un tombeau, à Pœstum.

Les cuillères et les fourchettes dont se servent actuellement les Landais sont les premières en étain et les autres en fer étamé. Il n'y a que peu de temps qu'on en trouve quelques-unes en compositions diverses imitant l'argenterie qui ne se voyait jadis, comme aujourd'hui, que chez les gens riches. On rencontre encore, dans quelques familles, des couverts et même de la vaisselle plate remontant à Louis XIV et à Louis XV.

L'usage de recouvrir les tables sur lesquelles on mangeait est très ancien. Louis le Débonnaire avait des nappes peluchées. Au XII⁰ et au XIII⁰ siècles, on ajouta des doubliers, ou couvre-nappes, qui se sont conservés, dans nos campagnes, jusqu'à nos jours, et qui redeviennent à la mode, dans les villes, sous le nom de *chemins de table.*

Les paysans eux-mêmes ont, de tout temps, mis sur la table une *tabaille* (ce nom, en gascon, est le même qu'en espagnol), et ils s'en servent, à la fois, comme nappe et comme serviette. Ces dernières, et les nappes fines, avec leurs couvre-nappes, ne sont sorties du cabinet de la *daoüne*, ou maîtresse de maison, *(domina),* du trousseau de laquelle elles font partie, que quand il y a des invités de marque, le jour de la fête locale, pour les fiançailles, *(lous accords),* les noces et les autres occasions solennelles.

Toutes ces réunions, tous ces dîners d'apparat sont bien curieux à étudier, et il en est tout juste temps encore, car ils perdront bien vite leur originalité, car comme le fait justement observer notre collègue et ami, M. Joseph de Laporterie, dans sa si intéressante brochure ayant pour titre « UNE NOCE DE PAYSANS », (Saint-Sever, imprimerie Séverin Serres jeune, rue Lafayette, 1885), « La ville, c'est « l'idéal rêvé, c'est le point de mire de tous nos braves « paysans ; pour eux faire et agir comme les gens de « la ville, voilà leur objectif. » Aussi abandonnent-ils, peu à peu, toutes les anciennes coutumes qui leur avaient été transmises depuis des siècles, de générations à générations.

Celles qui résistent le plus, surtout loin des grands centres, sont celles qui ont trait aux mariages.

M. de Laporterie veut bien nous permettre de lii faire, sur ce sujet si intéressant, quelques emprunts. Nous allons largement user de sa permission persuadés que nous ne saurions pas même faire et que nos lecteurs seront du même avis que nous.

C'est généralement dans les *marchés* voisins que les futurs époux, *lous nobis* (en espagnol *los novios*), font connaissance. Dès qu'une jeune fille est en âge de se marier, la mère la mène à la *muche*, à la *montre* : on lui fait une belle toilette, on lui achète un joli panier (*tistet* ou *peyroou*) et la maman la promène fièrement, à son côté, sur les places et surtout au champ de foire, où se trouvent les hommes et les jeunes gens.

Puis, au bout de quelque temps, la *gouyate* revient seule avec ses amies et, comme elle veut qu'on suppose qu'elle a autre chose à acheter au marché qu'un futur, elle porte toujours son joli panier, qui revient souvent vide à la maison.

Elle ne tarde pas à rencontrer un ou plusieurs admirateurs. Elle choisit celui qui lui convient le mieux et l'autorise bientôt à se promener et à causer avec elle. *Qu'ès parlen.*

La jeune fille est, presque toujours, suivie d'une de ses amies. Le jeune homme se tient alors entre les deux, et celle à laquelle il *parle*, est placée à sa gauche.

Lorsque les deux futurs se sont réciproquement assurés de la sincérité de leurs sentiments, le jeune homme envoie deux de ses parents, ou de ses amis, faire sa demande en mariage à la famille de la jeune fille, souvent même il accompagne ses deux mandataires ; mais il n'y va jamais seul.

Pour éviter les ennuis d'un refus formel, les Chalossais

et même leurs voisins du Marensin et du Béarn, avaient jadis, et ont encore dans certains endroits, des signes symboliques indiquant que la demande ne pouvait être. agréée : si, pendant l'hiver, la jeune fille, ou un des siens, prenait un tison et le retournait sur le foyer, les avances étaient repoussées ; si à table, on offrait sur une assiette une *gousse d'ail*, des *œufs* et surtout des *noix,* le prétendant et ses témoins n'avaient qu'à se retirer. De là la locution bien connue « *que l'y an bailhat lous esquilhots* » (on lui a donné des noix), qui veut dire, en parlant d'un jeune homme, qu'il a vu sa demande en mariage refusée.

Quelquefois même, on n'attend pas le repas, que nos paysans, toujours très hospitaliers, offrent à leurs visiteurs, pour manifester l'intention des parents, et si la mère, en faisant frire la *cuisse d'oie* ou la *carbouade*, retourne la *poêle* sur le feu, le prétendant n'a rien à espérer ; si, au contraire, la friture est déposée sur la table sans cette indication préalable, il peut compter que sa démarche recevra un accueil des plus favorables et il n'aura qu'à prendre jour pour *lous accords*, c'est-à-dire pour le règlement des questions d'intérêt. Ce règlement se fait entre les deux familles, souvent sans la participation des futurs et c'est chez la future qu'on se réunit et qu'on dîne; car c'est à table qu'on traite toujours les affaires sérieuses.

A partir des accords, le jeune homme est admis à aller faire sa cour et à passer ses soirées dans la famille de sa fiancée.

Tous les mariages de paysans ne se font pas, on le pense bien, au marché ; tous ne sont pas précédés d'*ou parlemen,* qui dure quelquefois des années. Souvent, surtout chez les bons propriétaires, ce sont les parents eux-mêmes qui s'occupent de marier leurs enfants ; souvent aussi les futurs se connaissent, dès l'enfance, et appartiennent à des familles qui ont entr'elles, depuis longtemps, des relations d'amitié ; souvent encore, malheureusement, et la chose devient de plus en plus fréquente, on marie ensemble les fortunes et les propriétés plutôt que les deux jeunes gens qui se connaissent à peine. Valait mieux la *muche* et *lou parlemen !*

Après *lous accords*, on fixe le jour de la noce, qui, presque toujours, a lieu au Carnaval et pour Sainte-Catherine, c'est-à-dire la semaine qui précède le premier dimanche de l'Avent (1). On envoie ensuite les *embitedous* faire leur tournée. Nous avons déjà dit quelques mots de ces personnages qui jouent un rôle important dans les noces et qui, en récompense du mal qu'ils se donnent, avaient jadis le privilège de se tenir derrière les époux pendant le dîner et de les servir.

En arrivant devant la maison où il vient remplir sa mission, l'*embitedou* chante, sur l'air de la *Chanson de la Nobi*, que nous donnerons ci-après, les couplets suivants :

Sourtits dehore, sourtits aou bent,
Qu'abets l'embitedou présent.
Sourtits dehore yens d'haounou,
Qu'abets aci l'embitedou.

S'ets embite, embitat lou (bis).
Sabets saoucisses ou soulé,
Daberats-les qu'e minyeré.

Se tienets bin de dus brouquets,
Tirats lou meilhou se sabets.

———

Sortez dehors, sortez au vent,
Vous avez l'inviteur présent.
Sortez dehors gens d'honneur,
Vous avez ici l'inviteur.

———

(1) Les mariages se célèbrent en général le mardi, mais dans certaines communes de la Chalosse, les paysans pauvres se marient quelquefois le vendredi, parce qu'un repas maigre, *avec de la morue*, coûte moins qu'un dîner avec de la viande de boucherie.

S'il vous invite, invitez-le (bis)
Si vous avez des saucisses au plafond,
Descendez-les, il en mangerait.

Si vous avez du vin de deux robinets,
Tirez le meilleur si vous savez.

On ouvre solennellement la porte et l'*embitedou*, portant
son makila enrubanné, s'avance majestueusement et pro-
nonce invariablement le discours suivant, après s'être
incliné avec respect :

« Boun yourn, que souy aci de le part dou pay et de la
« may de...... qu'an l'ententioun de ha espousa le lou hilhe
« (dimars ou dibès), qu'ets hen imbita à toute le famille,
« bous en qualitat de dounzeloun, ou countr'espous, bous...
« en qualitat de dounzelle, ou countr'espouze, se boulets
« abé lou plasé et l'haounou dc biène deyuna d'ab ère et
« l'ana accoumpagna enquia le porte de l'églisi, et un
« chic mey en aban, enqu'ioou balustre, qu'es aqui oun
« enténérats le Sente Messe, oun prégueran lou boun Diou
« ent'a ère et lou soun marit, qu'ous bailhi uu boune unioun
« en lou maridatye. Arroun que l'aniran accoumpagna à
« l'endret oun s'en deout ana et qu'aniran prène part de les
« biures que lou boun Diou et les brabes yens es metteran
« deban. N'y aura pas grand caouse per lou bos mérite,
« mes so qu'y sy que sera de boun coo.

« Qu'ep demandi perdoun s'em souy troumpat et qu'ep
« prégui de m'y décha tourna. »

« Bonjour, je suis ici de la part du père et de la mère
« de.... Ils ont l'intention dc faire épouser leur fille (mardi
« ou vendredi), ils vous font inviter, toute la famille, vous...
« en qualité de garçon d'honneur, vous... en qualité de
« demoiselle d'honneur, à vouloir avoir le plaisir et l'hon-
« neur de venir déjeuner avec elle et d'aller l'accompagner
« jusqu'à la porte de l'église, un peu plus en avant, jusqu'à
« la Sainte Table, c'est là où vous entendrez la Sainte

« Messe, où vous prierez le bon Dieu pour elle et son mari,
« pour qu'il leur donne une bonne union dans leur mariage.
« Après on ira l'accompagner à l'endroit où elle doit s'en
« aller et on ira prendre part aux vivres que le bon Dieu et
« les braves gens nous mettront devant. Il n'y aura pas
« grand'chose pour votre mérite, mais ce qui y sera vous
« sera offert de bon cœur.

« Je vous demande pardon si je me suis trompé et je vous
« prie de me laisser recommencer. » Il va sans dire qu'on
lui évite toujours cette peine.

On l'invite à prendre quelques aliments qu'il ne doit
jamais refuser. Il fait ainsi jusqu'à vingt repas par jour.
En s'en allant, il remercie ses hôtes en chantant :

> De brabe yen you qu'ey troubat,
> Pan de roumen que m'aben dat.

————

> De braves gens, moi j'ai trouvé,
> Du pain de froment ils m'ont donné.

Les embitedous du nobi emploient les mêmes formules
avec le même cérémonial.

On invite aux mariages les parents, les amis, les voisins
dont nous avons parlé plus haut et souvent aussi M. le
Curé, M. le Maire, le benoit, le forgeron, le tailleur et les
maîtres et ses gens si ce sont des métayers qui se marient.
Le maître doit accepter ou, tout au moins, se faire représenter, car sa présence est nécessaire pour la cérémonie de
l'introduction de la jeune épouse dans la maison qu'elle
doit habiter et qui rappelle la *deductio in domum mariti*
des Romains.

Les deux futurs doivent s'envoyer réciproquement leurs
invitations par l'embitedou et celle adressée par *le nobi* à
la nobi, lorsque celle-ci doit venir habiter chez lui, est ainsi
formulée :

« Boun your, pay et may, que souy aci de les parts dou

« futur de la boste hilhe ; que le hey embita se bo abé lou
« plasé et l'haounou de-s boulé rende (*dimars ou dibés*)
« matin à les portes de l'églisi et un c̄hic mé en aban,
« enqui-ou balustre. Qu'és aqui que lou prêtre es présentera
« deban ets enta benedíse l'unioun dou lou maridatye et
« arroun qu'ous disera le Sente Messe enta attira sus ets
« toutes les bénédictiouns dou boun Diou. Aprés le messe,
« que l'anerats accoumpagna à l'endret oun s'en deout ana.
« Qu'es aqui que lou pay qu'es présentera sus le porte enta
« le recèbe et enta le mette dehen, pas coum daoune, ne
« coum serbente, mes ent'an ha un bastoun de bielhesse.

« Se n'ey pas plan dit, qu'ep demandi excuse et qu'ep
« prégui de m'y décha tourna. »

« Bonjour, père et mère, je suis ici de la part du
« futur de votre fille ; il l'a fait inviter à avoir le plaisir et
« l'honneur de vouloir se rendre (mardi ou vendredi) matin
« à la porte de l'église, et un peu plus en avant, jusqu'à
« la Sainte Table. C'est là que le prêtre se présentera
« devant eux pour bénir l'union de leur mariage et, après,
« il leur dira la Sainte Messe pour attirer sur eux toutes les
« bénédictions du bon Dieu. Après la messe, vous irez
« l'accompagner à l'endroit où elle doit s'en aller. C'est là
« que le père se présentera sur la porte pour la recevoir et
« l'introduire dans la maison, pas comme maîtresse, ni
« comme servante, mais pour en faire son bâton de
« vieillesse.

« Si je n'ai pas bien dit, je vous demande excuse et je
« vous prie de me laisser recommencer. »

Nous avons déjà vu que les voisines assistaient avec les
demoiselles d'honneur, les *countre-espouses* ou *dounzelles,*
à la cérémonie du *porte-lleit.* En arrivant chez la *nobi,* et
avant de former le cortège traditionnel, on chante, toujours

sur le même air, les strophes suivantes, auxquelles les poètes locaux en ajoutent souvent d'autres inspirées par les circonstances.

Oun t'es aci lou burgué,
Ent'a plégna lou pailhassé.

Lou burgué qu'es aou cap de l'eyre,
Hets attentioun, ne n'y a pas goueyre.

Se ne y a pas pailhe aou burgué,
Ne y a pas gran aou soulé.

Le nobi qu'a lou pé loouyé,
Que sa plégnat lou pailhassé.

Le nobi qu'a careat lou ca,
Mey que lou bouéous pouden tira.

Anem bouérot guidats de dret,
Destournits pas lou cabinet.

E sou hesèts coupa lou pé,
Carré ana aou menusé.

Hicats-pé nobi sou soulé,
Espiats lou lleit oun s'ep en ba.

———

Où est ici la meule de paille,
Pour remplir la paillasse.

La meule est au fond de la cour,
Faites attention il n'y en a guère.

S'il n'y a pas de paille à la meule,
Il n'y a pas de grain au grenier.

La *nobi* a le pied léger,
Elle a rempli la paillasse.

La nobi a chargé le char
Plus que les bœufs ne pourront tirer.

Allons petit bouvier, guidez bien droit,
Ne renversez pas l'armoire.

Si vous faisiez couper un de ses pieds,
Il faudrait aller chez le menuisier.

Nobi mettez-vous au grenier.
Voyez où votre lit s'en va.

En arrivant chez le futur, les donzelles et les *gens du nobi* annoncent leur présence en chantant :

Préparats espous l'arque — lleit,
La nobi qu'ep embie lou lleit.

Pourtats lou beyre et lou piché,
Lou bouéou que s'a coupat lou pé.

Aban que lou boué ani destala,
Le pèce rounde qu'ou caou da.

La nobı que s'a défendut
De destala chens un escut.

———

Préparez époux le bois de lit,
La nobı vous envoie le lit.

Portez le verre et le *piché*,
Le bœuf s'est coupé le pied.

Avant que le bouvier aille dételer,
La pièce ronde il faut lui donner.

La *nobi* nous a défendu
De dételer sans un écu

Les gens de la maison répondent sur le même ton :

Le nobi qu'a flouquat lou boué,
N'am pas besouign d'ou bailha arré.

———

La *nobi* a fleuri le bouvier,
Nous n'avons pas besoin de rien lui donner.

On rentre alors, on place les meubles et les demoiselles d'honneur installent dans les armoires le linge et le trousseau de l'épouse. Elles réservent une place d'honneur au *drap mortuaire* qui doit toujours faire partie de son trousseau.

La veille de la noce, le fiancé vient offrir *lous présents,* sa corbeille à la *nobi* ; parmi ces présents, doivent toujours figurer : un parapluie, une robe, un panier, un dé, un étui rempli d'aiguilles, une paire de souliers, des bagues et une chaîne en or ou en argent, qui remplace celle qu'on appelait jadis une jeannette et qui se composait d'un tour de cou en velours auquel était suspendu un cœur et une croix en or ou en vermeil.

Le futur est accompagné des *countr'espous* et des *countr'-espouses.* Pendant le trajet, les jeunes gens font grand bruit, poussent de joyeux *enhillets,* auxquels ils ajoutaient autrefois souvent des feux de salve tirés avec des fusils ou de mauvais pistolets.

Arrivées à proximité de la maison, les *dounzelles* hâtent le pas et vont s'enfermer dans le *soou,* ou vestibule d'entrée, après avoir pris le soin de mettre, devant la porte principale, une table avec du pain, du vin et du fromage de Hollande qu'on sert dans toutes les occasions solennelles, pour les noces comme pour les enterrements.

Les contr'époux arrivent à leur tour et trouvent la maison barricadée. Ils commencent par bien manger et bien boire et le dialogue chanté suivant, s'engage ensuite entre les assiégeants et les assiégés.

> Nobi, nobi, lou nobi qu'es à le porte.

Gens de la nobi :

> Demandats lou que porte, pourtié,
> Demandats lou que porte.

Gens du nobi :

> Que porte lous souliés à le nobi, pourtié,
> Lous souliés à le nobi.

Gens de la nobi :

> Prenets-lous et sarrats lous,
> (On entr'ouvre la porte et on prend le présent)
> E barrats lou le porte, pourtié,
> E barrats-lou le porte.

Gens du nobi :

> Nobi, nobi, le nobi est à la porte.

Gens de la nobi :

> Demandez-lui ce qu'il porte, portier.
> Demandez-lui ce qu'il porte.

Gens du nobi :

> Il porte les souliers à la nobi, portier,
> Les souliers à la nobi.

Gens de la nobi :

> Prenez-les et serrez-les,
> Et fermez-lui la porte, portier,
> Et fermez-lui la porte.

Et après avoir agi de la même façon pour tous les objets portés par le futur, les gens du nobi, interrogés une dernière fois, répondent :

> Que porte lou soun coo
> A la nobi, pourtié.
> Lou soun coo à la nobi
>
> Oubrits-lou le porte, pourtié,
> Oubrits-lou le porte.

> Il porte son cœur
> A la nobi, portier,
> Son cœur à la nobi.
> Ouvrez-lui la porte, portier,
> Ouvrez-lui la porte.

Tout le monde rentre et la fête se termine naturellement par un repas.

Le jour du mariage, au matin, les invités quittent leur maison en chantant et se rendent, ceux de la future, chez la future, et ceux du futur chez le futur. Ils commencent à chanter en sortant de chez eux. Voici les couplets les plus usités en pareil cas :

Enta la nouce, nous que bam,
Ne sabem pas quen tourneram.

Nous qu'em partits aou sou llhébat,
Que tourneram aou sou coucat.

Que tournim de matin ou de sé,
Ne crey pas qu'és diseran arré.

Qu'am demandat la permissioun
A nouste meste de meysoun.

Que l'y am demandade fort plan,
Que se la dade enquià douman.

Ne bam pas ha coum lou mouré,
Parti d'abord, tourna aou darré.

Que bam ha coum lou pinsan,
Parti houey, tourna douman.

Lou nobi (ou le nobi) que sa heyt imbita,
Ne sabem pas ço qu'és boou da.

Que m'a embiat l'embitedou,
Baou bédé ço que boou de you

Que m'a embiat soun ray eynat,
Que baou bédé ço qu'ou plats.

Que m'a embiat lou mé près besin,
M'a dit d'arriba de matin.

You le nobi que baou bédé,
Ne sey pas sou herey plasé.

S'en lou heys pas en arriban,
Qu'en lou herey en m'en tournan.

A la noce nous allons,
Nous ne savons pas quand nous en reviendrons.

Nous sommes partis au lever du soleil,
Nous reviendrons au coucher du soleil.

Que nous rentrions le matin ou le soir,
Je ne crois pas qu'on nous dira rien.

Nous avons demandé la permission,
A notre maître de maison.

Nous la lui avons demandée très bien,
Il nous l'a donnée jusqu'à demain.

Nous n'allons pas faire comme le mûrier,
Partir tout d'abord et revenir tout de suite.

Nous allons faire comme le pinson,
Partir aujourd'hui et revenir demain.

Le nobi (ou la nobi) nous a fait inviter,
Nous ne savons pas ce qu'il veut nous donner.

Il m'a envoyé l'inviteur,
Je vais voir ce qu'il veut de moi.

Moi la nobi je vais voir,
Je ne sais pas si je lui ferai plaisir.

Si je ne lui en fais pas en arrivant,
Je lui en ferai en me retirant.

Ce sont les demoiselles d'honneur qui procèdent à la toilette de la mariée. En arrivant dans sa chambre, elles chantent :

Nobi qu'ep souhetam lou boun yourn,
A bous et aous qui abets à l'entourn.

E lou boun yourn que pé souhetat,
Nobi coum bous pat méritats.

E lou boun yourn souhetat que si,
A bous et à le coumpany.

Nous auts n'em pas aci chens couentes,
Qu'y em bienuts en diliyence.

Que s'y a embiats boste fiançat,
Bous que sabets qu'é le bertat.

Bous qu'ou coustat tan de biadyes,
Are qu'ep embi lous messatyes.

Aou yourn de houey qu'ep hey préga,
A l'églisi d'ep boulé trouba.

A l'églisi deban l'aouta,
Lou prêtre que s'y troubera.

Qu'ep demandera si boulet marit,
Qu'ep hiquera l'anet aou digt.

Que signifie l'anet aou digt,
Fidelitat aou soun marit.

———

Nobi nous vous souhaitons le bonjour,
A vous et à ceux qui vous entourent.

Et le bonjour qui vous est souhaité,
Nobi vous l'avez bien mérité.

Et que le bonjour soit souhaité,
A vous et à la compagnie.

Nous ne sommes pas venus ici sans affaires,
Nsus y sommes venus en toute hâte.

Votre fiancé nous y a envoyés,
Vous savez que c'est la vérité.

Vous lui avec coûté bien des voyages,
Cette fois, il vous envoie des messagers.

Aujourd'hui il vous fait prier,
A l'église de vouloir bien vous trouver.

A l'église devant l'autel,
Le prêtre s'y trouvera.

Il vous demandera si vous voulez un mari,
Et vous mettra l'anneau au doigt.

L'anneau qu'il vous mettra au doigt,
Signifie fidélité à son mari.

Quand la toilette de la nobi est terminée, le père arrive, et c'est lui qui met à sa fille la couronne qui a remplacé le petit bouquet de feuilles argentées et de fleurs d'orangers, monté en aigrette qu'il lui plaçait autrefois avec précaution dans les cheveux, en lui disant :

Tienets-bous nobi lou cap dret,
Qu'ep baou mette un bét bouquet.

Tienets lou dret, tienets lou bien,
N'offensits pas ni Diou, ni yen.

———

Tenez-vous nobi la tête droite,
Je vais vous mettre un beau bouquet.

Tenez-la droite, tenez-la bien,
N'offensez ni Dieu, ni les hommes.

Avant et pendant cette touchante cérémonie, les assistants chantent :

Pay de le nobi appressats pé,
Nous qu'am besouing d'ep bedé.

Hats biste, boulets arriba,
Le nobi qu'ep hey demanda.

Boutat pé nobi à yenous,
Yétat larmes et mey plous.

Crouzat las mans, bachat lous gouelhs,
Qu'ep ban coubri lou cap de flous.

Demandats la couroune hardiment,
Se l'ats gagnade sayement.

Nobi tienets lou cap drct,
Ne dachits pas cadé aquet bouquet. ˏ

La nouste nobi qu'a coulou,
Le couroune nou hey pas pou.

———

Père de la nobi, approchez-vous,
Nous avons besoin de vous voir.

Faites vite, voulez-vous arriver,
La nobi vous fait demander.

Nobi mettez-vous à genoux,
Jetez des larmes et plus des pleurs.

Croisez les mains, baissez les genoux,
On va vous couvrir la tête de fleurs.

Demandez la couronne hardiment,
Si vous l'avez gagnée sagement.

Nobi tenez la tête droite,
Ne laissez pas tomber ce bouquet.

Notre nobi a de belles couleurs,
La couronne ne lui fait pas peur.

Quand elle a reçu la couronne des mains de son père, on
introduit auprès d'elle le premier contr'époux qui vient la
chercher de la part de son futur, qui lui envoyait, jadis,
une magnifique ceinture en soie blanche. Cet usage a
complètement disparu depuis assez longtemps.

En rentrant, il prononçait le petit discours suivant :

« Boun yourn, Messius et Dames de l'entourn et touts
« en général. Qu'ep souhaitam lou boun yourn en pe félici-
« tan de l'hurouse yournade qui es estade per bous tan
« désirade.

« Aquet yourn qu'es arribat entaous dus amourous ;
« qu'em assemblats aci en ta coumbla lous souns désis.

« Qu'en soum glorifiats, més Diou qu'és lou qui en deout
« esta remerciat.

« Anem, que caou parti en diliyence, lou prêtre qu'ep
« atten dap fort d'impatience. Qu'ep bam préne per le man
« modestement en t'ap counduise deban lou Sent-Sacre-
« men.

« Qu'ep demandi perdoun si em souy troumpat, ainsi
« qu'à toute le societat. »

« Bonjour, Messieurs et Dames de l'entourage et à tous
« en général. Je vous souhaite le bonjour, en vous félicitant
« de l'heureuse journée qui a été par vous tant désirée.

« Ce jour est arrivé pour les deux amoureux et nous
« sommes assemblés ici pour combler leurs désirs. Nous
« en sommes glorifiés, mais c'est Dieu qui doit en être
« remercié.

« Allons, il faut partir en grande diligence, le prêtre
« vous attend avec beaucoup d'impatience. Je vais vous
« prendre par la main modestement, pour vous conduire
« devant le Saint-Sacrement.

« Je vous demande pardon si je me suis trompé, ainsi
« qu'à toute la société. »

Tout est à la joie. Une seule personne doit être triste
et pleurer « *ataou le coustume qu'at boou* », (ainsi le veut
la coutume). Elle doit paraître regretter sa mère, qui reste
à la maison et n'assiste jamais au mariage de sa fille, chez
laquelle elle va dîner le lendemain seulement. Elle doit
aussi témoigner un grand regret àses voisins et à ses amies
d'enfance.

Aussi les invités lui chantent-ils, au moment de son
départ :

Nobi, abets aqués matin,
Dit adichats aous bos besins.

Lous que déchats que counéchets,
Més ne sabets lous que prenets.

Nobi het lou tourn de le meysoun,
Ne dachits pas nat coutilhoun.

Nat coutilhoun, nat debantaou.
Né l'aguilhé, né lou didaou.

Nobi dab queign coo anirats,
A boste pay dise adichats.

Nobi dab queign coo anirats,
A boste may dise adichats.

Dab queign coo y anirats doun,
Dab les larmes enqui'aou mentoun.

E à le boste may après,
Dab les larmes enqui'aous pés.

Adichats papa que m'en baou,
Adichats mama que m'en baou.

M'abets accabade de naouri,
Et you tabei d'ep servi.

Hicats dus pailhes sou soula,
La nobi s'y ba ayouilha.

Hicats les y de crouts en crouts,
Ba demanda perdoun à touts.

———

Nobi avez vous, ce matin,
Dit adieu à vos voisins.

Ceux que vous laissez vous les connaissez.
Vous ne savez pas ceux que vous prenez.

Nobi faites le tour de la maison,
Ne laissez aucun cotillon.

Ni cotillon, ni tablier,
Ni l'étui, ni le dé.

Nobi avec quel cœur irez-vous,
Faire vos adieux à votre père.

Nobi avec quel cœur irez-vous,
Faire vos adieux à votre mère.

Avec quel cœur irez-vous donc,
Avec les larmes jusqu'au menton.

Et à votre mère après,
Avec les larmes jusqu'aux pieds.

Vous avez achevé de me nourrir,
Et moi aussi de vous servir.

Mettez deux pailles sur le seuil de la porte,
La nobi va s'y agenouiller.

Mettez-les bien en croix,
Elle va demander pardon à tous.

La nobi s'agenouille, en effet, et demande pardon à ses parents et à ses voisins, des peines et des chagrins qu'elle a pu leur occasionner ou des torts qu'elle a pu avoir à leur égard. Puis elle se lève, prend le bras de son parrain, le cortège se met en marche et les chants recommencent.

Ces chants, la plupart du temps improvisés, dont le rythme est toujours le même, se chantent sur deux airs différents, dont nous donnons, ci-après, la musique. Le premier est celui usité dans le Tursan et dans la Haute Chalosse ; l'autre est plus généralement adopté dans les autres parties des Landes et des Basses-Pyrénées. (Pour ce dernier air, le couplet est de quatre vers au lieu de deux).

Le Chant de la Nobi :

N° I

La nobi qu'a a —————— un bet bouquét —

quouan n'àourei you ———— un Coumy a-quét

Oubrits oubrits pourtaüs d'arçey aci qu'éb myam un bet pu

Oubrits oubrits pourtaüs de hé aci qu'éb myam un bet bra

Le cortège n'était composé jadis que de gens à cheval et la nobi montait en croupe sur celui de son parrain. Pendant tout le trajet, on tirait de nombreuses salves de coups de fusil et de pistolet, ce qui a fait dire naïvement à certaines personnes de notre connaissance que nos paysans avaient conservé quelque chose des mœurs des Arabes, qui avaient autrefois occupé leur pays, sans songer que cette occupation, si elle a jamais eu lieu, s'est produite à une époque où la poudre n'était pas inventée et où, par conséquent, les Maures ne la faisaient pas encore parler.

Aujourd'hui, on va modestement à pied ; les ménétriers, qui marchaient en tête du défilé nuptial, ont eux-mêmes été supprimés ; ou bien, dans les mariages un peu huppés, on se paie des landaus comme dans les villes et on y ajoute même, à l'arrivée au bourg et au départ, de formidables décharges de la batterie municipale, de pétards, qui sert à annoncer les fêtes locales et les courses de taureaux.

En quittant le domicile paternel, on chante les versets

suivants qui sont plus ou moins nombreux, suivant que le trajet est plus ou moins long :

Anem, nobi, que caou parti,
Bous n'est pas mey le daoune aci.

Se boulets daoune damoura,
N'ep é calé pas marida.

Anem, nobi, que caou ana,
Moussu Curé qu'ep hey apera.

Quets hey apera aous grans crits,
Dab les cloches prou bénédit.

Nobi aban de sourti d'aci,
Saluderats le coumpany.

Qu'a heyt le nobi aous parents,
Touts biennen la tira de dehens.

Ere n'a pas heyt arré de maou,
Més la coustume qu'és ataou.

Tienets-pé nobi aou cap dou poun,
Boulen tira-p de le maysoun.

Aou cap dou poun et dou manteyt,
Boulen tira-p d'equeyt Casteyt.

Nobi les bostes countre-espouses,
Que soun toutes de bous yélouses

Anem, nobi, réyouit bous,
Nous qu'es boulem reyoui dap bous.

———

Allons nobi, il faut partir,
Vous n'êtes plus la maîtresse ici.

Si vous vouliez y rester maîtresse,
Il ne fallait pas vous marier.

Allons nobi, il faut marcher,
Monsieur le Curé vous fait appeler.

Il vous fait appeler à grands cris,
Par les cloches du sacristain.

Nobi avant de sortir d'ici,
Vous saluerez la compagnie.

Qu'a fait la nobi à ses parents,
Tous viennent la sortir de chez eux.

‘ Elle n'a rien fait de mal,
Mais la coutume le veut ainsi.

Tenez-vous à la rampe de l'escalier,
On veut vous chasser de la maison.

A la rampe de l'escalier et au manteau de la cheminée,
On veut vous expulser de ce château.

Nobi vos contre-épouses,
Sont toutes jalouses de vous.

Allons nobi réjouissez-vous,
Nous voulons nous réjouir avec vous.

Lorsqu'on passe devant la maison d'un parent ou d'un ami, on doit l'engager à venir voir la nobi. Il doit sortir et offrir à boire à l'épouse et aux invités qui sont tenus d'accepter, tandis qu'ils peuvent refuser aux nombreux enfants et aux femmes qui leur en offrent aussi le long du chemin sur des tables ou des chaises ornées de guirlandes ou de fleurs, ou sur des nappes blanches étendues à terre, que l'on appelle *paillats*. On doit se contenter de leur donner quelque sous. C'est ce qu'on fait aussi dans les villages ou s'est conservé un usage analogue, qu'on appelle la *ségue*, la ronce, parce que pour demander la pièce, au lieu d'offrir du vin, comme on le fait ailleurs, les quémandeurs barrent la route à la noce, avec une corde qui, primitivement, était une simple ronce.

En passant devant chez les parents et les amis, et le
long du chemin, les gens de la noce chantent :

Sourtits dehore lous de l'oustaou,
Yamey n'at bis arré de taou.

N'a pas passat yamey praci,
Nade ta bère coumpany.

La nouste nobi bère qu'é,
Moun Diou qui se la croumpéré.

A (nom de la localité) qu'y a un beigt marchan,
Aqui que se le croumperan.

Qu'y a un marchan bestit de blu,
Qu'y a sept ans qu'en boulèbe u.

Nobi disets-se le bertat,
Quing se trobe la boste santat.

S'és trobe plan, qu'en soum countents,
S'és trobe maou, qu'en soun doulens.

La nobi que ba enregistra,
Yamey ne l'y cailhi tourna.

De cap ou sou, de cap ou bent,
Que luguereye coum l'aryent.

Aryent sou cap et or ou digt,
E à le poche caouque chic.

Le nobi qu'a u bonne mayri,
Aou your de houey que la hé lusi.

Anem nobi, ne caou pas ploura,
Houey que lou yourn oun caou canta.

Anem nobi nou plourits nou,
Qu'ens hérets mouri de doulou.

Sounats le messe bénédit,
Lous nous espous qu'ets at an dit.

Sounats le messe à grans trangs,
Lous nous espous que pagueran.

La nobi en ba laouyé, laouyé,
L'herbe qu'ou baìt debat lou pé.

Qu'en ba louyé mignoun, mignoun,
Coum hé l'arrose sou boutoun.

Espiats la nobi, espiats lé,
Mey e l'espits, mey beroye qu'é.

———

Sortez dehors ceux de la maison,
Vous n'avez jamais vu rien de tel.

Il n'a jamais passé par ici,
Aucune aussi belle compagnie.

Notre nobi est bien belle,
Mon Dieu qui va nous l'acheter.

A (le nom de la localité) il y a un bel acheteur,
Bien sûr nous la lui vendrons.

Il y a un acquéreur vêtu de bleu,
Qui en voulait acheter une depuis sept ans.

Nobi dites-nous la vérité,
Comment va votre santé.

Si elle va bien, nous en sommes contents,
Si elle va mal, nous en sommes dolents.

La nobi va enregistre (1),
Qu'il ne lui faille jamais y revenir.

———

(1) C'est la seule allusion qui soit faite, dans les diverses chansons, au mariage civil ; pour nos paysans. ce n'est qu'une simple formalité, l'*enregistrement du mariage religieux*. Ils vont généralement à la Mairie avant d'entrer à l'église qui est à côté. quelquefois ils *enregistrent*, quand ils passent le contrat, un mois ou plusieurs jours avant la noce.

Du côté du soleil, du côté du vent,
Elle reluit comme de l'argent.

Elle a de l'argent sur la tête et de l'or au doigt,
Et à la poche aussi un peu.

La nobi a une bonne marraine,
Aujourd'hui elle la fait resplendir (1).

Allons nobi, il ne faut pas pleurer,
Aujourd'hui c'est le jour de chanter

Allons, nobi, ne pleurez pas,
Vous nous feriez mourir de douleur.

Sonnez la messe sacristain,
Les époux vous l'ont dit.

Sonnez la messe à toute volée,
Par les époux vous serez payé.

La nobi s'en va légèrement, légèrement,
L'herbe semble croître sous son pied.

Elle s'en va légèrement, mignonnement,
Comme fait la rose sur le bouton.

Regardez la nobi, regardez-là,
Plus vous la regardez, plus elle est jolie.

En arrivant au village, les gens du cortège s'adressent ainsi à ceux du bourg :

Qnan le bile seré d'aryent,
Lous nous espous que que passeren.

Dous dus estrems espiats-nous,
Espiats la nobi ou bien nous.

---

(1) C'est la marraine qui fait cadeau à la nobi de sa toilette de noce. La robe était ordinairement de couleur ou noire. Le voile seul était blanc. Il n'y avait que les filles de grands propriétaires qui autrefois *épousaient en blanc* (c'est ainsi que l'on dit) ; aujourd'hui cette tenue tend à se généraliser.

N'em pas yendarmes ni sourdats,
M'estouni coum tan nous espiats.

Ni yendarmes, ni mey huissiés,
En t'a s'espia per les croisés.

Nous aouts qu'em de brabe yen,
Dab le mine que charmeren.

Nous aouts qu'em bam de dus en dus,
Qu'ep saludam coum ous moussus.

Et qu'ep décham per coumplimen,
S'abets disnat qu'ep hesqui beign.

———————

Quand la ville serait d'argent,
Nos époux passeraient.

Des deux côtés regardez-nous,
Regardez la nobi ou bien nous.

Nous ne sommes ni gendarmes, ni soldats,
Je m'étonne que vous me regardiez ainsi.

Ni gendarmes, ni même huissiers,
Pour nous regarder par la croisée.

Nous autres nous sommes de braves gens,
Avec notre mine seule nous vous charmerions.

Nous autres nous allons de deux en deux,
Nous vous saluons comme des messieurs.

Et nous vous laissons pour compliment,
Si vous avez dîné que ça vous fasse du bien.

Quand on est à proximité de l'église, les chants continuent comme suit :

La nobi que ba espousa,
Yamey ne l'y cailhi tourna.

Que bey l'églisi et pas l'aouta,
Oun lous espous ban espousa.

Que la bey, que la bey lusi,
Oun la nobi ba dise oui.

Bam bédé nobi se gaouserats ana,
Couelhe l'arroze sus l'aouta.

La boste may que l'y a pourtade (bis).

Que l'y a pourtade d'ab haounou,
Anats-p'é la coueilhe chens pou.

Que l'y a pourtade aques matin,
La mey bère qu'abé aou yardin.

Aqués matin un chic haout yourn,
Entre ounze hores et mi-yourn.
Per le nobi qu'es un gran haounou,
D'ana espousa à l'array dou sou.

Moussu curé nous qu'em de louing,
D'u messe courte qu'am besoing.

Qu'en em belleou touts estarits,
Qu'a bère paouse qu'em partits.

Qu'am cantat tout houey et tout hyé,
Qu'am tan cantat poudem pas mé.

You qu'ey cantat coum un pierrot,
Que bourri belleou bébe un cop.

Nobi an'ats p'en enta espousa,
Nous que s'em bam enta pinta.

Nobi marchats courrentemen,
L'espous à l'églisi qu'ep atten.

Entrats nobi aou prat sacrat,
Prégats Diou prous qui soun debat.

Aou prat sacrat maysoun de Diou,
N'y entrit pas chens préga Diou.

Nobi entrats en la maysoun de Diou,
Ne pensits pas qu'a préga Diou.

Moussu curé noble dou Rey,
Dise le messe que tardats houey.

Disets le messe aous dus espous,
Ets qu'an besouing de bous.

Per dus mouts que bous diserats,
A tout yamey qu'ous nnirats.

Aygue bénédite aous espous,
Et aou balustre à yénous.

———————

La nobi va épouser,
Qu'il ne lui faille jamais y revenir.

Je vois l'église et pas l'autel,
Où les époux vont épouser.

Je la vois, je la vois luire,
Où la nobi va dire oui.

Voyons nobi si vous oserez aller,
Chercher la rose sur l'autel.

Votre mère l'y a portée (bis).

Elle l'y a portée avec honneur,
Allez la chercher sans crainte.

Elle l'y a portée ce matin,
La plus belle qu'elle avait au jardin.

Ce matin un peu au grand jour,
Entre onze heures et midi.

Pour la nobi c'est un grand honneur,
D'aller épouser à la lumière du soleil.

Monsieur le curé nous sommes de loin,
D'une messe courte nous avons besoin.

Nous sommes bientôt flétris par la fatigue,
Il y a longtemps que nous sommes partis.

Nous avons chanté tout aujourd'hui et tout hier,
Nous avons tant chanté que nous n'en pouvons plus.

Moi j'ai chanté comme un pierrot,
Je voudrais bientôt boire un coup.

Nobi allez-vous en pour épouser,
Nous nous nous en allons pour boire.

Nobi marchez couramment,
L'époux à l'église vous attend.

Entrez nobi au pré sacré (1),
Priez Dieu pour ceux qui sont dessous.

Au pré sacré et à la maison de Dieu,
N'y en'rez pas sans prier Dieu.

Nobi entrez dans la maison de Dieu,
Et n'y pensez qu'à prier Dieu.

Monsieur le curé, noble du Roi,
Vous tardez à dire la messe aujourd'hui (2).

Dites la messe aux deux époux,
Ils ont besoin de vous.

Par deux mots que vous leur direz,
A tout jamais vous les unirez.

Donnez de l'eau bénite aux époux,
Qui sont à genoux à la table sainte.

C'est le parrain et la marraine qui conduisent les époux à l'autel. L'époux entre le premier. L'épouse vient ensuite. Après la bénédiction nuptiale suivie de la messe, l'époux offre son bras à l'épouse et les deux cortèges se confondent pour aller ensuite à la maison où la nobi doit habiter (l'endret oun s'en deout ana).

---

(1) Le pré sacré (le cimetière) entourait toujours autrefois nos églises de campagne.

(2) Ces mots *noble dou Roy*, *noble du Roy*, doivent-ils s'appliquer à Monsieur le Curé ou à la messe solennelle qu'il va dire ? Nous croyons plûôt que c'est à la messe. Ils ont été ajoutes évidemment pour la rime.

www.ingramcontent.com/pod-product-compliance
Lightning Source LLC
Chambersburg PA
CBHW070354090426
42733CB00009B/1409